实证社会科学
Social Science Research

（第九卷）

主编　胡　近

上海交通大学出版社
SHANGHAI JIAO TONG UNIVERSITY PRESS

图书在版编目（CIP）数据

实证社会科学. 第九卷 / 胡近主编. — 上海：上
海交通大学出版社，2021.12
ISBN 978-7-313-26133-5

Ⅰ.①实…　Ⅱ.①胡…　Ⅲ.①社会科学-文集　Ⅳ.
①C53

中国版本图书馆 CIP 数据核字（2021）第 263701 号

实证社会科学（第九卷）
SHIZHENG SHEHUIKEXUE(DI-JIU JUAN)

主　　编：胡　近
出版发行：上海交通大学出版社　　　　地　　址：上海市番禺路 951 号
邮政编码：200030　　　　　　　　　　电　　话：021-64071208
印　　刷：上海天地海设计印刷有限公司　经　　销：全国新华书店
开　　本：787mm×1092mm　1/16　　　印　　张：10.75
字　　数：178 千字
版　　次：2021 年 12 月第 1 版　　　　印　　次：2021 年 12 月第 1 次印刷
书　　号：ISBN 978-7-313-26133-5
定　　价：59.00 元

版权所有　侵权必究
告 读 者：如发现本书有印装质量问题请与印刷厂质量科联系
联系电话：021-64366274

实证社会科学
Social Science Research

主办单位：上海交通大学国际与公共事务学院

主　　编：胡　近

执行主编：樊　博

副　主　编：易承志

编委会成员：（按姓氏笔画排列）

边燕杰(西安交通大学)　　　　　李连江(香港中文大学)

杨开峰(中国人民大学)　　　　　肖唐镖(南京大学)

吴建南(上海交通大学)　　　　　邱泽奇(北京大学)

何艳玲(中山大学)　　　　　　　陆　铭(上海交通大学)

陈映芳(上海交通大学)　　　　　陈　捷(上海交通大学)

易承志(上海交通大学)　　　　　庞　珣(清华大学)

赵鼎新(University of Chicago)　　胡　近(上海交通大学)

钟　杨(上海交通大学)　　　　　唐文方(University of Iowa)

唐世平(复旦大学)　　　　　　　阎学通(清华大学)

敬乂嘉(复旦大学)　　　　　　　谢　宇(Princeton University)

蓝志勇(University of Arizona)　　樊　博(上海交通大学)

编辑部成员：

易承志　樊　博　陈映芳　刘帮成　陈永国　黄琪轩

陈慧荣　魏英杰　杜江勤　韩广华　杨　姗　奚俞勰

目　录

CONTENTS

研究文章

双重视角下行业协会商会的违规收费及其治理*

周　俊　杜心怡**

摘　要：整治行业协会商会违规收费,需要把握问题症结,加强源头治理。规制合法性理论和内部控制理论为探寻行业协会商会收费行为的关键影响因素提供了适当视角。对72个违规收费案例的分析表明,行业协会商会在收费政策不完备情况下的违规行为明显比政策完备情况下要多,而无论政策完备与否,是否存在内部控制制度对协会商会的收费行为没有明显影响,政策完备情况下的违规多与协会商会的组织目标偏离政策规定或面临经费困境相关。从根本上治理行业协会商会违规收费,需要加强制度供给、完善收费规则并为协会商会拓宽经费来源提供政策支撑。

关键词：行业协会商会;规制合法性;内部控制;违规收费

一、问题的提出

行业协会商会是行业治理的重要主体,在促进市场经济发展、加强行业自律、改善营商环境等方面发挥着不可替代的作用。行业协会商会的规范发展直接影响其作用发挥,为此,政府颁布多项政策加强对协会商会的监督管理,

＊　本文系国家社会科学基金项目"脱钩后行业协会商会与政府的合作共治研究"(项目号:20BZZ070)的研究成果。

＊＊　周俊(1977—),女,华东师范大学公共管理学院、社会组织与社会治理创新研究中心教授,研究方向为国家与社会关系、社会组织、社会治理、公益慈善研究,Email:jzhou@sem.ecnu.edu.cn;杜心怡,华东师范大学公共管理学院硕士研究生。

同时引导协会商会加强自律,并多次开展整治工作。然而,尽管多管齐下,仍有部分行业协会商会铤而走险,违反法律法规和政策规定,其中以违规收费最为常见,比如强制会员入会以收取会费、通过评比表彰活动变相收费等。近年来,在优化营商环境、提高经济竞争力的发展大局下,政府进一步加强对行业协会商会违规收费行为的治理。2017年11月,国家发展改革委、民政部、财政部和国资委联合发布《关于进一步规范行业协会商会收费管理的意见》;2020年7月,国务院办公厅发布《关于进一步规范行业协会商会收费的通知》。然而,尽管政府时常重拳整治,但行业协会商会的违规收费似乎陷入一种"整治—收敛—违规—整治"的怪圈。要打破这一怪圈,从根本上改变违规收费现象,需要探寻影响行业协会商会收费行为的深层次原因。

由于行业协会商会的经济社会两栖性和被政府"选择性培育"的特征(江华,2008),学界对协会商会的关注较多,既有研究主要聚焦于两方面内容:一是讨论政府与行业协会商会的关系,主要包括对行业协会商会角色与功能、政会脱钩等内容的研究(马庆钰,2020;Vanwaarden F,1992;郁建兴、吴昊岱,2020);二是讨论行业协会商会内部治理,以协会商会的政策参与、组织凝聚力、组织转型、功能研究等为主要内容(沈永东,2018;纪莺莺,2015;赵晓翠、周俊,2020;Rosenfeld SA,2003)。从总体上看,当前对协会商会违规收费行为的专门研究相对欠缺。违规收费是行业协会商会的组织行为,同时也是对外部制度环境的回应,有必要结合既有两种研究路径对其进行讨论。因此,本文运用规制合法性与内部控制理论,从内外监管的双重视角对72个违规收费案例进行分析,勾勒行业协会商会违规收费的概貌,探究政府政策、内部控制制度对协会商会收费行为的影响,以期为规范协会商会管理、促进协会商会有序发展提供理论借鉴。

二、文献回顾与分析框架

(一)文献回顾

目前学界对组织违规行为已有较多讨论,研究者主要从外部和内部环境两个方面探讨组织违规的原因。从外部环境看,制度本身的明确性、制度执行的有效性影响组织行为。有学者通过实证研究指出,优化制度环境可以增加企业的违规成本,从而抑制违规行为(徐诗意、陈永丽,2021);加强行政监管、加大处罚力度,能够释放威慑信号并因而减少组织违规(马壮、王云,2019)。国外也有学者指出,规则的有效性影响组织对是否违规的判断,并将规则分为五个要素:书面要求、有效的手段—目的关系、一致适用性、最优控制、利益相关者了解规则的目的(Dehart-Davis,2009)。

内部环境主要包括管理者特质、法人治理结构等,现有研究多从内部控制的视角分析组织行为。一般认为,由于信息不对称和委托代理关系,代理人可能会追求个人利益而做出违反组织规定的行为(李炳秀、陈晓春,2005)。Defond 的研究表明,公司的内部控制问题可能与组织结构有较大关联(Defond,Raghunandan et al.,2002)。有学者通过实证研究揭示了独立董事会的薪酬激励在约束组织违规行为上的作用,认为薪酬越高,组织越不容易违规(周泽将、卢倩楠等,2021)。研究者还提出,审计师专业能力、公司内部控制等因素会诱发合谋行为,造成组织违规(王可第、武晨,2021)。由此可见,合理的内部控制机制能够有效约束组织行为。

社会组织或非营利组织追求的是公共利益,其组织结构、目标与商业组织有所不同。既有研究主要将社会组织的违规原因归纳为法律不全、监管缺失、政会不分和内部建设问题。如有学者基于公共性视角提出,非营利组织的行为异化是价值层面的公共责任缺失和制度层面的监管不当造成的(于水、杨华锋,2008)。另有研究提出,组织复杂性与非营利组织的欺诈行为之间具有正向相关性(Harris,Petrovits,and Yetman,2017);理事会规模对基金会的合规性具有正向影响,理事会规模越大、会议次数越多且理事的会议出席率越高,基金会的合规性越好(宫严慧,2016)。除了关注单一因素的影响之外,还有研究通过对社会组织违规的条件进行组态分析,认为包含管理制度、信息公开、行政监管等三要素的运行维度是社会组织行为的决定性因素(周俊、徐久娟,2020)。

从既有研究中可以看到,组织违规是广受关注的问题,研究者主要从内外两个维度进行探讨,其中制度和治理是较常被讨论的因素,这为理解行业协会商会的违规行为提供了理论资源。但是,既有研究对行业协会商会的关注较少,而且缺乏将内外环境因素相结合的讨论,留有较大的研究空间。

(二)分析框架

在新制度主义的合法性理论中,合法性是指"在由规范、价值、信仰和规定组成的社会性建构系统下,人们对一个实体的活动是否合意、恰当或合适的总体性感知或预设"(Suchman，1995)。根据斯科特的定义，组织合法性可以划分为规制合法性、规范合法性和认知合法性。规制合法性来源于组织对正式规则即法律法规和政策规定的遵守；规范合法性是对特定行动者应如何行为的约束性期待；认知合法性依靠的是可理解的文化支持(斯科特，2003)。组织为了获得政府的支持或更多资源，往往会自觉遵循制度环境，但是在政策不完备或者与组织目标相冲突的情况下，组织就有可能采取"脱耦"策略甚至违反政策规定。

内部控制理论最早由日本学者青木昌彦先生提出，由于委托人与代理人之间身份不明晰，掌握实际控制权的组织内部人员，在特定环境下可能做出违背组织利益的行为。组织内部控制不到位，往往会带来贪污腐败、弄虚作假、以权谋私等问题。理事会、监事会和秘书处是非营利组织内部控制的重要组成部分，在各自职权范围内发挥自律或监督作用。其中，监事会作为监督机构，监督理事会、执行机构的运作，正向影响组织的责任感和社会信誉。按照政策要求，为防止出现违法违规或职权滥用的行为，社会组织必须设立监事会(田凯，2009)。

行业协会商会违规行为的实质是组织对外部规制的不遵从。规制合法性理论强调正式管制程序所产生的合法性压力，即规则、监督和惩罚、制裁等会促使组织采取多种策略以应对合法性需求。从这一理论出发可以认为，行业协会商会无法在合法性需求下产生遵从行为的原因可能是制度设计不合理，或者设计合理的制度与组织目标存在冲突。然而，如果结合内部控制理论来看，规制合法性产生作用的逻辑可能会有所改变。具体而言，如果行业协会商会有完善的内部控制机制，即使外部制度与组织目标存在冲突，为获取合法性，协会商会也可能采取遵从行为。因而，本文将规制合法性与内部控制理论相结合分析协会商会违规收费的成因。与既有研究关注理事会作用所不同的是，本文从监事会的角度探讨协会商会的内部控制问题。这主要是因为虽然理事会特征可能影响组织行为，但它在本质上是决策机构，而监事会则是监督机构，其职能是监督组织决策和执行，监事会是影响组织是否合规的更为根本的因素。在具体操作中，本文将是否设立监事会作为衡量内部控制制度是否完善的指标。

综上，本文构建双重视角下行业协会商会违规行为的分析框架，认为协会商会在发展过程中存在两种行为逻辑：一个是合规发展，一个是违规发展。合规是组织在追求合法性下的理性选择。行业协会商会合规运行能够给组织带来社会认同,获取更多的政府资源和支持(许鹿、罗凤鹏等,2016)。根据规制合法性理论,如果制度设计阻碍组织发展,组织便会产生违规风险,然而,引入内部控制理论后会发现,无论制度是否完备,如果内部控制机制不完善,协会商会都可能产生违规行为,由此可能形成四种违规情形:一是政策完备且存在内部控制制度情况下的违规。根据组织同构理论,内部控制制度很有可能只是形式化的产物,并没有真正发挥作用,这使协会商会在内外制度完善的情况也可能出现违规情况。二是政策完备、内部控制制度缺乏情况下的违规,即由于协会商会缺乏监督机制而未能遵守完备的政策规定。三是政策不完备、内部控制制度存在情况下的违规。在这种情况下,协会商会可能因为坚持自己认为正确的原则而与政策形成对抗。四是政策不完备、内部控制制度缺乏情况下的违规。这是一种较为极端的内外治理同时失范的现象(见图1)。

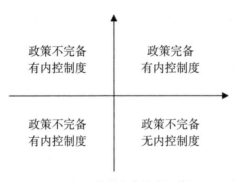

图1 行业协会商会的违规情形

三、研究方法与案例概况

(一)案例选择与数据来源

本文旨在探究行业协会商会违规收费的原因,为此首先需要厘清协会商会违规收费的基本情况,然后对照分析框架来分析违规行为的成因,这种机制性探讨适合采用多案例研究方法。为获取行业协会商会违规收费案例,本文于2020年10至11月在中国社会组织公共服务平台、中国政府网、民政部门户网站等平台上进行广泛搜索,最终共获取72个样本。政策文本的收集主要通过中国社会组织网、北大法宝等平台进行,共收集相关政策20份。监事会设立情况通过协会商会的官方网站和各类社会组织信息平台搜集。为保证对案例材料和政策文本分析的一致性和准确性,2 位专业研究人员分别开展编码工作,然后共同对编码内容进行校正,最终形成可用于分析的文本材料。

经对案例数据进行整理分析发现,案例发生时间介于 2014 年 9 月 13 日至 2020 年 9 月 4 日之间,其中,各年案例分布情况为:2014 年 1 例,2015 年 2 例,2016 年 1 例,2017 年 15 例,2018 年 24 例,2019 年 23 例,2020 年 6 例。从行政地区看,协会商会违规案例的地域分布较广,共涉及 17 个省份和直辖市。从行业分布看,违规案例主要发生在专业技术服务业、建筑行业、综合性行业和商务服务业等领域。

(二)案例违规收费情况

由于协会商会是会员制社会团体,所以会费是其基本收入。在会费之外,协会商会可以向会员或非会员行业企业提供服务并收取经营服务费。此外,部分协会商会接受政府授权或委托开展行业治理,存在代收行政事业性收费的情况。从总体上看,行业协会商会收费类型主要包括会费、经营服务性收费、行政事业性收费和其他收费。除会费外,每一类收费又可以被划分为若干具体种类,比如经营服务性收费具体包括培训费、咨询服务费、中介服务费等收费项目。

行业协会商会如果不能按政策规定的收费类型、项目和程序进行收费,便构成违规收费。从行为性质看,违规收费包括收取不应收取的费用和在收取应收费用中出现的违规行为两种类型,前者通常表现为收取评比表彰费、管理费和组织费等,后者通常表现为违规收取会费、经营服务费、行政事业性收费等。从案例情况看,两类违规收费都存在于现实中,其中,出现频次最高的是违规收取评比表彰费、会费和行政事业性收费(见表 1),从具体收费种类看,出现频次最高的是评比表彰费、会费和培训费(见表 2)。

表 1　行业协会商会违规收费大类

收费类型	评比表彰费	会费	行政事业性收费	经营服务性收费	其他	组织费
案例(个)	25	20	11	9	6	1

资料来源:根据案例材料分析统计。

表 2　行业协会商会违规收费具体类别

收费类别	评比表彰费	会费	培训费	行政管理费	咨询服务费	考试费	鉴定费	组织费	其他
案例(个)	25	20	6	4	2	2	1	1	11

资料来源:根据案例材料分析统计。

评比表彰费是违规收费最多的类别,共有 25 个案例,占比约为 35%。25 个案例中有 24 个是因为"举办评比达标表彰活动,在评选活动前后向参评对象收费"而违规,有 1 个案例是因为"自设考评标准设立考评项目"而违规。典型的案例如 2017 年 1 月至 9 月,中国广告协会授权下属广告公司开展"2017 大中华区艾菲奖"评选活动,在评选前后收取参赛费、招商和合作费,违规收费共计 587.55 万元①,违反了《社会组织评比达标表彰活动管理暂行规定》。

违规收取会费是违规收费的第二大类别,共有 20 个案例,占比约为 28%。20 个案例中有 16 个是因为"制定会费标准超过 4 级",占比约为 80%。如青海省印章行业协会等违反了"各行业协会商会会费档次原则上不超过 4 级,按明确金额收取,同一会费档次不得细分不同收费标准"的规定,有 4 个案例是因"强制入会"或"强制会员接受服务并收费"而违规②。

违规收取行政事业性收费位列违规收费行为第三位,在案例中具体包括行政管理费、鉴定费、培训费、考试费和其他类别。其中,违规收取行政管理费的案例最多,共 4 例。比如 2015—2016 年,湖北省企业联合会在开展"企业管理现代化创新成果评审"的过程中,自立项目违规收取成果申报评审费共 33.5 万元③。

经营服务性收费包括培训费、咨询服务费、中介服务费和其他类收费。其中,培训费是违规次数最多的一项,共 6 个案例。培训费包括人员专业技术知识培训、安全培训、考核培训等费用。在案例中主要表现为行业协会商会向企业收取培训费,或者自行设立管理办法,规定相关人员必须参加培训,并以此作为年检的依据。比如 2013 年,河南省保险行业协会明确省内保险销售从

① 民政部社会组织管理局.民政部对中国广告协会等 3 家社团违规涉企收费行为作出行政处罚[EB/OL].[2021-3-30]. https://baijiahao.baidu.com/s? id＝1607746081084015765&wfr＝spider&for＝pc.

② 青海日报.青海 16 家行业协会商会被通报批评[EB/OL].[2021-3-30]. https://baijiahao.baidu.com/s? id＝1628598657500494646&wfr＝spider&for＝pc.

③ 中国政府网.国家发展改革委曝光行业协会违规收费案件[EB/OL].[2021-3-30]. http://www.gov.cn/hudong/2017-08/25/content_5220409.htm.

业人员执业证的年审制度,并将培训与执业证年审挂钩,违规收取培训费①。

其他收费指的是行业协会擅自操纵市场价格、收取商标专项费、管道维护费等。比如,重庆市部分机动车检测机构在重庆市机动车检测收费市场化的改革方案未出台前,将机动车检测费用平均提价 170 元左右,扰乱了市场价格秩序②。

违规收取组织费是指行业协会将自身业务委托给其他组织并向委托方收取费用。根据《关于规范社会团体开展合作活动若干问题的规定》,"社会团体将自身业务活动委托其他组织承办或者协办的,应当加强对所开展活动的主导和监督,不得向承办方或者协办方以任何形式收取费用"。案例中的青海省物业管理协会于 2018 年将自身业务活动委托其他组织承办,从中收取组织费28.93 万元③。

四、行业协会商会违规收费的成因

依据前述分析框架,案例中行业协会商会所违反的政策可分为完备的政策与不完备的政策。政策完备性可以进一步界定为政策齐全、明晰和一致,政策不完备则体现为政策空缺、模糊和冲突。从案例情况看,在政策完备和不完备情况下,行业协会商会都存在违规行为,相比较而言,政策不完备情况下的违规更加常见。在引入内部控制制度后可以发现,违规收费的行业协会商会大部分都设立了监事会,分析框架中提出的建立内控制度能够有效抑制违规倾向的假设没有得到验证。

(一)政策完备下的组织目标偏离和生存压力

政策完备下的违规案例共有 32 个,违规情形主要包括"取消后继续收取考试费""强制收取培训费"和"超标准收取鉴定费"。违规行业协会商会中约

---

① 付昊苏.河南省保险行业协会强制收费培训 督查推动立行整改[N/OL].新华社,(2017-07-24)[2021-3-30].http://www.xinhuanet.com/local/2017-07/24/c_1121372355.htm.

② 中国社会组织动态.擅自涨价 重庆市机动车检验行业协会遭约谈[N/OL].澎湃新闻,2019-08-14[2021-3-30].https://www.thepaper.cn/newsDetail_forward_4160974.

③ 青海省民政厅.通报! 青海这 16 家行业协会商会存在违规行为[N/OL].青海日报,2019-03-21[2021-3-30].https://baijiahao.baidu.com/s? id=1628598865750049464&wfr=spider&for=pc.

80%建立了监事会。这表明,在政策完备的情况下,是否存在内部控制制度对协会商会行为的影响不明显。根据规制合法性理论,如果政策完备并且与组织目标没有冲突,协会商会为获取合法性,会遵从外部制度。案例情况意味着三种可能性,一是协会商会的内部控制制度只是制度同形压力下的产物,并没有发挥实际作用(周俊、周莹,2017);二是协会商会的组织目标与政策要求相违背;三是虽然组织目标与政策没有冲突,但迫于组织生存压力,行业协会商会冒险对抗政策。

由于没有对案例进行访谈,无法判断第一种可能性的实际情况,但从公开的案例材料中却能够看到后两种可能性转化而成的现实。关于第二种可能性,行业协会商会理应是不以营利为目的的社会组织,但现实中仍然存在自我定位、角色不明,将非营利身份用作谋利工具的协会商会。一个典型的案例是,2014年1月1日至2015年7月20日,上海水利工程协会违反考培分离和自愿原则,在组织考核及培训的过程中违规收取培训费28.17万元,违反《中共中央、国务院关于治理向企业乱收费、乱罚款和各种摊派等问题的决定》(中发〔1997〕14号)关于"严禁强制企业参加不必要的会议、培训、学术研讨、技术考核、检查评比和学会、协会、研究会等"等规定①。上海水利工程协会强制收取培训费的行为损害了会员单位的利益,违背了为会员服务的宗旨。

关于行业协会商会迫于生存压力的违规,众所周知,为数众多的协会商会存在经费来源单一、会费收缴困难、会员退会等问题,经费并不宽裕,政会脱钩改革后,部分协会商会不再接受政府补贴,经费困境更加突出。个别协会商会为解决经费不足问题,在明知违规的情况下进行收费。案例中的湖北省建设工程标准定额管理总站通过挂靠建设工程造价咨询协会,自定标准设立收费项目,擅自向企业收取服务费等费用,以弥补正常经费的不足②,便属于这种情况。

(二)政策不完备导致的耦合困境

政策不完备情况下的违规案例共40个,违规情形主要包括"违规开展评

---

① 中华人民共和国中央人民政府.国家发展改革委曝光行业协会违规收费案件[EB/OL].(2017-08-25)〔2021-3-30〕.http://www.gov.cn/hudong/2017-08/25/content_5220409.htm.

② 湖北省人民政府.省住建厅承诺严查直属单位违规收费1600多万元的行为[EB/OL].(2015-10-12)〔2021-3-30〕.http://www.hubei.gov.cn/zxjy/rdhy/201510/t20151012_1763232.shtml.2021-3-30.

比表彰活动并收费"和"制定会费标准超过 4 级"。违规行业协会商会中约 59%建立了监事会,这表明,在政策不完备的情况下,内部控制机制对协会商会行为的影响同样有限。从案例情况看,政策缺位、政策冲突和政策模糊均与行业协会商会的违规行为有直接关联。

(1)政策缺位。政策缺位主要体现为缺乏对收费内容的明确规定。虽然现行政策对行业协会商会的会费、培训费、评比表彰费等已经有较多规定,但是在具体收费项目上依然存在内容空缺。当行业协会商会面临收费需求而又找不到政策依据时,通常会依据主观判断做出收费或不收费的选择,然而,一旦判断失误或巧立名目,便可能触碰政策底线。

以会费为例,会费应覆盖为会员提供的基本服务。2017 年印发的《关于进一步规范行业协会商会收费管理的意见》(发改经体〔2017〕1999 号)中提到,"行业协会商会收取的会费,应当主要用于为会员提供服务及开展业务活动等支出,行业协会商会收取会费应同时明确所提供的基本服务项目"。但是,目前还没有政策对协会商会的基本服务职能作出规定,仅有部分协会商会根据自己的理解规定了会费所涵盖的基本服务内容,并且,不同协会商会的规定存在一定差异。这使应如何收取和使用会费成为一种具有很强主观性的行为,并因此导致出现较为普遍的应收未收、不应收而乱收费的情况。案例中四川省泸州市江阳区个体私营企业协会在年审中变相收取"会费"[①],这一违规行为发生的主要原因就是会员企业对会费所覆盖的服务范围不明就里,无法确定协会收取"会费"的行为是否违反政策规定。

(2)政策模糊。虽然已经存在多项针对行业协会商会收费行为的政策规定,但并非所有规定都清晰明确,少数重要内容存在模糊性,主要体现为没有针对不同情况进行规定,而这极易导致协会商会因无法获得明确的政策指导而陷入违规陷阱。

从案例中可以看到,收取评比表彰费在行业协会商会中广泛存在,且大多数协会商会因"违规开展评比表彰活动并收费"而违规。虽然 2012 年的《社会组织评比达标表彰活动管理暂行规定》(国评组发〔2012〕2 号)中规定"社会组织开展评比表彰达标活动应该坚持非营利性原则,不得向评选对象收取任何费用,不得在评选前后收取各种相关费用或者通过其他方式变相收费""属于

---

① 中华人民共和国中央人民政府. 实名举报揭开"搭车收费"乱象 行业协会年收百万无人监管 [EB/OL].[2021-3-30].http://www.gov.cn/xinwen/2018-08/29/content_5317485.htm.

业务活动性质的资质评定、等级评定、技术考核,以内设机构和工作人员为对象的社会组织内部考核评比,不适用本规定",但是,该规定没有对"其他评比达标表彰活动"进行解释。部分行业协会商会不能理解哪些活动算"违规开展"、哪些算"正常开展",往往在不知情的状态下陷入违规困境。

(3)政策冲突。不同政策之间如果不能保持一致,行业协会商会在遵从政策规定时就会面临困惑,而执法部门也面临如何适用执法依据的难题。在行业协会商会收费政策中,政策冲突主要体现为在对同一收费问题的规定上,新政策与仍然有效的旧政策之间存在冲突。

仍以会费为例,案例中违规收取会费主要体现为违反"会费档次超过4档"这一规定上。2014年7月,民政部、财政部发布《关于取消社会团体会费标准备案规范会费管理的通知》(民发〔2014〕166号),明确规定"社会团体通过的会费标准,不再报送业务主管单位、社会团体登记管理机关和财政部门备案""社会团体可以依据章程规定的业务范围、工作成本等因素,合理制定会费标准""除会员大会或者会员代表大会以外,不得采取任何其他形式制定或者修改会费标准"。这些规定赋予行业协会商会自主制定会费标准的权利,符合协会商会独立法人的组织属性,因而受到广泛赞许。然而,2017年11月,国家发展改革委等部门联合发布的《关于进一步规范行业协会商会收费管理的意见》中规定"要合理设置会费档次,一般不超过4级,对同一会费档次不得再细分不同收费标准"。新政策的目的可能是防止行业协会商会的会费差距过大,避免导致会员权利不平衡,然而,虽然政策意图良好,但政策精神和内容却与既有政策相违背。因而,大量协会商会不能接受这一新规定,依然采取以往的会费标准,于是便出现了众多协会商会违规收取会费的情况。

综上,在政策完备的情况下,行业协会商会违规收费主要是因为对组织目标的定位与政策要求相背,或者是因生存困难而违规,是否存在内部控制制度对协会商会行为的影响不明显。在政策不完备的情况下,有没有建立内部控制制度与行业协会商会是否违规没有明显的关联,协会商会违规主要是由于政策缺位、政策模糊和政策冲突所带来的耦合困境。因而,虽然从理论上看,规制合法性和内部控制机制是影响组织行为的关键因素,但从案例情况看,行业协会商会违规收费主要受收费政策影响,内部控制机制的作用尚需进一步证实。

五、研究结论与治理建议

　　行业协会商会违规收费不仅带来恶劣的社会影响，而且破坏营商环境，阻碍经济发展，因而，需要从根本上加以整治。本文在规制合法性与内部控制的双重视角下探究行业协会商会违规收费的深层次原因，基于多案例的研究发现，在收费政策不完备的情况下，行业协会商会更容易出现违规行为；在收费政策完备的情况下，行业协会商会不能正确定位组织目标或因面临生存困境而难有其他选择时，也可能出现违规行为。研究还发现，无论政策完备与否，违规的协会商会在是否建立监事会上不存在明显差异，内部控制制度与协会商会违规之间的关联性尚需证明。

　　本研究在一定程度上弥补了既有研究对行业协会商会收费行为关注的不足，明确了协会商会收费和违规收费的主要类型、违规收费的关键影响因素，为进一步开展相关研究提供了理论资源。不仅如此，本文通过行业协会商会收费这一问题验证了规制合法性理论，提出了在特定情景中协会商会这一类组织与政策耦合的困境，以及由此引起的合法性困境。此外，本文将内部控制理论应用于对行业协会商会的分析，初步得出了与既有研究不同的结论，认为内部监督机构是否存在对协会商会行为没有明显影响，这可能是因为监督机构的存在不等于其作用的实际发挥，合法性理论中的制度压力下的组织同形观点可以对此作出解释，但事实是否如此，仍需进一步讨论。

　　从实践发展看，本研究能够为加强对协会商会收费行为的规范管理和引导协会商会合规运行提供借鉴。从研究结论看，行业协会商会之所以违规收费，主要是因为收费政策不完备、协会商会的组织定位与既有政策相违背，以及协会商会面临难以克服的经费困境，因而，可以基于研究结论有针对性地完善政策，从根本上改变协会商会违规收费现象。具体而言，本文从三个方面提出治理违规收费的建议。

　　第一，加强制度供给，明确行业协会商会的角色、功能和收费范围。行业协会商会可以收取哪些费用取决于政策对其角色和功能的定位。在多元主义与法团主义国家中，协会商会的收费内容存在较大差异。我国行业协会商会一直没有明确的发展模式，致使社会各界对协会商会的角色认知不清，许多行业协会商会也不能正确地理解自身角色和功能。新一轮政会脱钩改革虽然明确了协会商会发展的基本方向，但在如何保障其法人地位上仍缺乏政策规定，没有改变部分政策缺位、模糊甚至冲突的情况,无法满足协会商会发展需求。因此,当前迫切需要加强顶层设计,提高协会商会政策的完备性。具体而言,一方面要加快行业协会商会立法。通过立法明确协会商会发展模式,合理定位协会商会角色和功能,这是厘定协会商会收费范围和内容的前提和依据。另一方面要制定出台行业协会商会收费行为规则。改变当前多部门分散管理行业协会商会收费行为的情况,需要由相关部门牵头制定统一的协会商会收费行为规则,通过清单的方式明确收费范围、内容和违规收费情况,为协会商会提供行动指南。

第二,提高行业协会商会收费政策的完备性。拓宽行业协会商会参与政策制定的渠道,是提高政策完备性的首要途径。首先,在收费政策制定过程中,需要充分发挥既有参与制度的作用,重视协会商会通过提案、议案等方式提出的政策建议,以及通过听证会、座谈会等方式广泛听取协会商会意见。其次,政府需要提高回应性,根据社会各界尤其是协会商会的反馈意见及时调整政策。最后,政策生效后难免会被发现存在模糊、错误或与实际情况相脱节的内容,这时,政府应尊重来自各方面的意见,在充分研究的基础上对政策进行及时调整。

第三,为行业协会商会拓宽经费来源提供政策支撑。虽然政策完备,但仍然有行业协会商会因为经费困境而选择违规收费,这一现象在政会分离改革背景下特别需要重视,因为经费不足是协会商会普遍面临的问题,而政会分离使这一困境加剧,如果得不到及时的解决,可能有更多的协会商会触碰政策底线。从政策完善的角度看,政府需要对当前行业协会商会的经济状况有全面了解,并以此为基础有针对性地出台支持协会商会创收增收的政策,其中尤其需要进一步推进政府向协会商会转移部分职能,加大政府购买服务力度,明确协会商会"非营利性"的组织属性与可开展不以营利为目的的经营性活动之间的关系。

最后要指出的是,本文只是一项探索性研究,主要通过对违规案例的分析初步揭示了行业协会商会违规收费行为的成因,未能基于大样本数据精准地研究收费政策、内部控制制度与收费行为之间的关系。并且,本文以是否成立监事会作为衡量内部控制制度的指标,没有测量监事会的规模、人员特征等情况,也没有进一步讨论制度执行情况,无法从静态和动态两个方面全面揭示内部控制机制对协会商会违规收费行为的影响。本文的不足也提供了未来研究的方向,其中非常重要的是,需要围绕行业协会商会收费行为提出明确的变量间关系假设,并进行大样本量化检验,或者开展多元影响因素的组态分析。

参考文献

理查德·斯科特,2010.制度与组织:思想观念与物质利益[M].第3版.姚伟,王黎芳,译. 北京:中国人民大学出版社:58-71.

宫严慧,2016.公益基金会组织治理与内部控制关系研究[J].财会月刊(18):47-54.

纪莺莺,2015.当代中国行业协会商会的政策影响力:制度环境与层级分化[J].南京社会 科学,(9):65-72.

江华,2008.民间组织的选择性培育与中国公民社会建构——基于温州商会的研究[J].马 克思主义与现实(1):108-113.

李炳秀,陈晓春,2005.内部人控制与非营利组织治理结构探讨[J].云梦学刊(2):53-56.

马壮,王云,2019.媒体报道、行政监管与财务违规传染——基于威慑信号传递视角的分析 [J].山西财经大学学报,41(9):112-126.

马庆钰,2020.行业协会商会脱钩改革急需解决的关键问题[J].行政管理改革(12):36- 42.

沈永东,2018.中国地方行业协会商会政策参与:目标、策略与影响力[J].治理研究,34 (5):93-103.

田凯,2009.中国非营利组织理事会制度的发展与运作[J].经济社会体制比较(02):139- 144.

王可第,武晨,2021.高收费与高违规之谜——基于审计师与经理人共生博弈的解释[J]. 山西财经大学学报,43(5):102-114.

许鹿,罗凤鹏,王诗宗,2016.组织合法性:地方政府对社会组织选择性支持的机制性解释 [J].江苏行政学院学报(5):100-108.

徐诗意,陈永丽.制度环境、企业社会责任表现与上市公司违规[J].财会月刊,2021(3): 127-134.

于水,杨华锋,2008.公共性视角下我国非营利组织行为异化问题研究[J].江汉论坛(12): 39-42.

郁建兴,吴昊岱,沈永东,2020.在公共危机治理中反思行业协会商会作用——会员逻辑、 影响逻辑与公共逻辑的多重视角分析[J].上海行政学院学报,21(6):32-38.

周俊,周莹,2017.政策压力下的行业协会商会组织同形——以温州商会为例[J].中共浙 江省委党校学报,33(2):32-39.

赵晓翠,周俊,2020.新型政会关系中行业协会商会组织转型的过程模型[J].治理研究, 36(1):33-42.

周俊,徐久娟,2020.社会组织违规的影响因素与多元路径——基于30个案例的定性比较 分析[J].北京行政学院学报(5):48-55.

周泽将，卢倩楠，雷玲，2021. 独立董事薪酬激励抑制了企业违规行为吗？［J］. 中央财经大学学报(2):102-117.

周泽将，马静，胡刘芬，2019. 经济独立性能否促进监事会治理功能发挥——基于企业违规视角的经验证据［J］. 南开管理评论，22(6):62-76.

DEFOND ML，RAGHUNANDAN K，SUBRAMANYAM KR，2002. Do non-audit service fees impair auditor independence? Evidence from going concern audit opinions ［J］. Journal of Accounting Research(40):1247-1274.

DEHART-DAVIS L，2009. Green tape and public employee rule abidance：why organizational rule attributes matter［J］. Public Administration Review，69(5):901-910.

HARRIS E，PETROVITS C，YETMAN MH，2017. Why bad things happen to good organizations：the link between governance and asset diversions in public charities［J］. Journal of Business Ethics，146(1):149-166. Cluster

ROSENFELD SA，2003. Expanding opportunities：strategies that reach more people and more places［J］. European Planning Studis，11(4):373-377.

SUCHMAN MC，1995. Managing legitimacy：strategic and institutional approaches［J］. Academy of Management Review，20(3):571-610.

VANWAARDEN F，1992 . Emergence and development of business interest associations：An example from the Netherlands［J］. Organization Studies，13(4):521-561.

Analysis on the Illegal Charging Behaviors of the Business Associations from a Dual Perspective

Zhou Jun   Du Xinyi

Abstract：To rectify the illegal charging behaviors of business associations needs to grasp the crux and solve the problem fundamentally. The theories of regulatory legitimacy and internal control provide appropriate perspectives to explore the internal and external factors that affect the charging behaviors. The analysis of 72 cases of illegal charges shows that the illegal charging behaviors of business associations are mainly reflected in the illegal collection of appraisal and commendation fees, membership dues and training fees. In the cases of incomplete charging policies, business associations conduct more illegal behaviors than in the case of complete policies. However, whether the policy is complete or not, the existence of internal supervision system has no obvious impact on the charging behaviors. In the case of complete policies, most of the violations are related to the deviation of the organization goals from the policy provisions or the financial difficulties faced by the associations. To control the illegal charges of business associations fundamentally, it needs to strengthen the institution supply, improve the charging rules and provide policy support for the expansion of resources of business associations.

Key words: business association; regulatory legitimacy; internal control; illegal charging

"篱笆内治理":城市治理中基层行政与社区自治的互动关系

——以 C 小区电动车集中充电选址为例

颜克高　唐　婷*

摘　要：在多元共治的格局下，城市治理的关键在于政府与社会的良性互动。然而，学界侧重于从宏观视角讨论两者的角色定位，而对微观的互动关系关注不足。本文以 A 市 C 小区电动车集中充电选址为例，构建"结构—制度—行动者"的整合性分析框架，从微观、动态视角细致描绘基层行政与社区自治的互动关系，并试图阐释其形成逻辑。研究发现：在我国城市治理实践中，基层行政和社区自治在互动过程中呈现出"篱笆内治理"特征：一是自治权利有形的"篱笆"，体现在社区自治运行范围有限，只能对社区内部事务进行治理，且面临内部行动者个人利益的挑战，效力有限而难以扩展到更广阔的领域；二是穿越"篱笆"的行政权力，表现在基层行政对自治行使存在条件限度，只能在稳定秩序下进行。一旦小区秩序出现问题，便将遭遇行政权力的干预，极有可能出现失灵。而这一互动关系的形成与政社权力结构失衡、长期的制度惯性和行动者理性逐利行为紧密相关。

关键词：社区治理；基层行政；社区自治；互动限度

一、问题的提出

长期以来，行政主导是我国基层治理的鲜明特征。伴随经济社会转型，社

---

*　颜克高(1979—)，男，博士，湖南大学公共管理学院教授，博士生导师，研究方向为政社关系、社会治理、区域社会经济发展，Email：Kgyan@hnu.edu.cn；唐婷，湖南大学公共管理学院硕士研究生。

会矛盾和社会问题日益错综复杂,基层治理压力与日俱增。为推进国家治理体系和治理能力现代化建设,党和国家不断推动社会治理重心向基层转移,致力于打造共建共治共享的治理格局,充分发挥多元主体的积极作用,实现政府治理和社会自我调节、居民自治良性互动。社区是城市治理的"最后一公里",也是城市治理的基本单元和重心,如何理顺并处理好基层政府治理与社区自治的关系,成为理论界和实践部门共同关注的热点问题。

在社区治理场域中,基层政府治理与社区自治的相遇,不可避免地产生了权力和权利、强制和民主、秩序和自由等边界问题,即行政与自治的衔接问题。理论研究表明,由于单位制所带来的路径依赖,社区组织"过行政化"或"附属行政化"现象一直存在(徐道稳,2014;孙柏瑛,2016)。近年来,虽然各地不断展开治理模式创新,但是社区行政化本质却没有改变。如网格化管理借助技术力量,反而强化了行政组织对社区的管理与服务(吴晓林,2019)。尽管理论界和实务界共同主张"去行政化"改革,给社区减负和增能,但改革结果似乎并不理想,如"居站分离"等四种改革模式在实践中陷入了"行政化推动与社会参与""去行政化与被边缘化""内卷化与共谋化"等多重悖论(陈鹏,2018)。

与此同时,城市基层新的社会空间不断涌现,如业委会、社会组织、社工等。有学者将这类"社区共同体"视为市民社会成长的象征,社会力量得到发展,有利于在自治基础上实现政府与社会关系的重构(徐勇,2001)。但也有学者并不如此乐观,认为当前社区自治是有限度的(马卫红,2010)。"与小政府相随的是大社会,公民参与度要高、社会组织要发育成熟且有能力。在社会力量尚未成熟的背景下,马上拥抱这种'正确却超前'的理论,恐怕无助于治理格局的形成"(吴晓林、张慧敏,2016)。因此,需辩证处理基层行政与社区自治的关系,可将行政和自治视为基层治理能力的不同面向(苗延义,2020),共同构成了一个整体状态。

近年来,一些研究开始聚焦社区治理实践考察基层社会中行政与自治的互动。这方面的成果包括分析互动特征、问题和经验借鉴。如基于江苏太仓实践,总结了实现政府与自治组织互利互赢的经验路径(陈朋,2012);基于无锡市社区治理创新的实践经验,描绘了"互嵌式共治"的现实图景(杜玉华、吴越菲,2016);基于2013—2015年度"中国社区治理十大创新成果及提名成果"中的城市社区协商创新实践的典型案例,探索政社互动导向下的启示价值(陈荣卓、李梦兰,2017)。还有基于武昌区 H 社区治理实践,考察了政府不同介入方式对自治的不同影响(张必春、周娜,2018)。学界普遍认可的是,在中国基层社会治理实践中,国家—社会并非此消彼长的分离关系,反而基层群众自治与国家民主政治互动态势日趋明显(董强、李建兵、陆从峰,2011)。但由于自治相关法律不完善、基层政府行政管理任务重、自治意识淡薄等原因(刘朋君,2013),行政与社会两者不均衡的动员能力没有得到根本改观(刘成良,2016),主要表现为行政和自治界线模糊(赵萍丽、沈邑川,2016)、自治被行政消解、行政吸纳自治等衔接失衡问题突出。

可以看出,目前,理论界对行政和自治互动问题进行了比较多的探讨,但主要侧重于以下两个方面:①对行政和自治互动关系的分析多集中于"是什么"和"怎么办"的层面,缺少对于"何以形成"这一核心问题的探究。也有部分学者尝试从体制机制、历史文化、居民观念等方面进行解释,但这类研究大部分是侧重从宏观视角的管理体制变迁和中观视角的治理结构研究,仍呈现出单一化和零散化特征,并没有揭示整体运作机制。②倾向于抽象的理论构建,微观实证层面的个别叙事并不多见,较少以动态视角观察事件中的"行动个体"以及互动的微妙关系。鉴于此,本文试图从微观案例切入,以 A 市 C 小区电动车集中充电选址事件为案例,通过构建"结构—制度—行动者"的整合性分析框架,从动态视角细致描绘基层行政与社区自治的互动关系及其形成逻辑。

二、分析框架与研究方法

"结构—制度"与"过程—事件"是社会学中经常采用的两种分析方法。"结构—制度"范式关注事件背后的社会结构和制度,认为事件受时代大背景的影响,要从结构和制度要素去探讨现实问题(张静,2000)。"过程—事件"分析则偏重关注事件中具体的情境与偶发性因素,核心在于从微观的层面去揭示"动态事件"背后的隐秘逻辑(孙立平,2001)。但是,这两种分析法均遭到了学者不同程度的批判,两种方法亦陷入了宏观与微观、静态与动态、整体与个体截然对立的理论分歧(见表 1)。

从多元话语分析视角来看,两种分析范式不过是构建社会现实的不同话语体系,不存在绝对的孰优孰劣的问题(谢立中,2007)。更重要的是,两种分析范式均为分析中国实际的本土理论尝试,并非不可兼容的零和博弈关系,二者存在可以拟合的空间,如有研究将行动和结构并置在一起,构建"结构—过程"框架,并应用此框架对我国社区治理转型进行分析(吴晓林,2005)。

表1 "结构—制度"与"过程—事件"理论

分析范式	研究视角	研究方法	研究视野
结构—制度	宏观	静态	整体
过程—事件	微观	动态	个体

受此启发,本文借鉴"以行动者为中心的制度主义"观点(李月军,2007),引入"行动者"这一中介因素,构建"结构—制度—行动者"整合性分析框架,从而搭建起两种分析范式之间的桥梁(见图1)。之所以引入"行动者"这一中介要素,主要基于以下考虑:第一,结构功能主义并不排斥过程与行动(吴晓林,2005)。目标的完成需要行动者的介入、制度的运转需要行动来调整、既定权力有赖于个体合作的支持(T.帕森斯,2003)。第二,过程是结构中的行动集合,又反过来形塑结构。正如马克思主义所主张的那样,社会是个体构建出的,但个人只有在社会意义上才称之为个人(马克思,1995)。可以看出,行动是链接"结构—制度"和"过程—事件"分析范式的中间桥梁。行动又是由行动者为达到某种目的而进行的活动,具有强烈的个体偏好色彩。因此,上述整合性分析框架旨在从事件过程中识别出行动者;从行动者的角度来确定行动的意义,同时将结构看作为理解行动者行为的外在要素,除此之外,还关注结构之下的制度要素如何影响行动者的行动(见图2)。

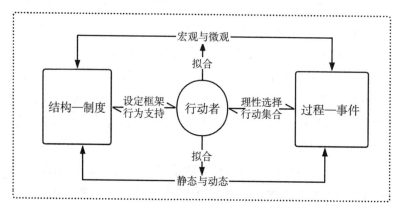

图1 结构—制度与过程—事件拟合过程

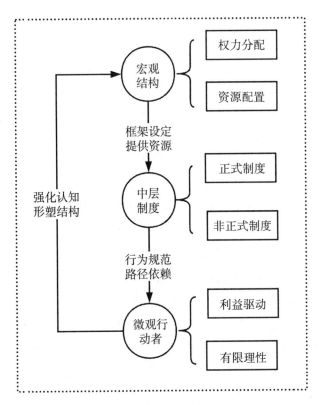

图 2　结构—制度—行动者分析框架

第一,结构是指由不同的要素,按照一定的方式搭配而成的相互关联和作用的统一体。不同要素的组合方式不同,结构也会因此不同。因此,要明确结构,首先要找出其构成要素。根据吉登斯的定义,结构包括"社会再生产过程中反复涉及的规则与资源"(安东尼·吉登斯,2016)。具体到该研究,结构性要素则表现为权力分配规则和物质资源配置,由此构成了社区的权力结构和资源结构。社区权力结构是社区的决策权力在各个力量的分配情况。在社区场域中,国家、市场和社会分别代表三种主要权力主体。因为传统管理制度的影响,国家行政权力占据核心位置,对其他的权力主体具有决定性作用,形成了学界常说的"强国家—弱社会"格局。社区资源结构是治理主体所拥有的资源多寡和类型情况。资源是主体顺利履职的前提和关键。在中国情境下,政府掌握着社会的绝大部分资源,拥有着资源分配的权力,任何组织和个人获取资源时都绕不开政府这个主体。因此,以政府为代表的行政力量能够在社区管理模式中占据核心。而结构决定功能,宏观结构框定和决定了制度和政策制定的方向。在结构和制度的双重影响下,微观行为者无法避免上层因素对其行为的制约或负面影响,因此,结构通过制度限制了行为主体的行为能力。另一方面,行动者也会试图利用结构的积极效应,使自己的行为活动能够最大化自己的利益。在集中充电选址过程中,各种行动者包括基层街道、社区居委会、业委会和业主在特定的结构影响下,拥有着不同的权威影响力,这直接影响其物质性资源的丰富程度,从而影响制度的制定和事件的过程和结果。

第二,在社会生活中,个人、团体、群体组织甚至社区的社会行为和活动并非偶然为之,而是按照一定的规则制度,或受到某些规范的约束和限制。这种规则约束就是制度,是人为设计的一种规范成员行为,使行动者按照一定的行为模式生活的规范体系。其对个体与组织行为的限定与约束主要通过一系列正式制度(政策、惯例、程序)与非正式制度(信仰、符号、文化)两种类型来实现(诺斯,2008)。正式制度是指以某种明确的形式被确定下来,它们在组织和社会生活中具有明确的合法性,并靠组织的强制力来保证实施。如各种成文的法律、法规、政策、程序、惯例等。一旦确定便具有高度刚性,旨在建立一个稳定结构来减少不确定性,保证和促进社会的稳定和有序发展。但正式制度并不能规范到社会生活的方方面面,这就需要非正式的制度的支持和补充。非正式制度是指人们在长期的交往中积累而成的、不成文的指导人们行为的信仰符号、伦理规范、风俗文化、意识形态等。与正式制度规制相比,非正式制度具有更广泛的功能。它渗透到社会生活的各个微小领域,无形地调节着人类行为。正因为它的影响范围远远超出了正式的制度框架,因此如果不能合理利用的话,可能会产生许多负面或严重的后果。一般而言,制度有助于框定行动者的行为路径和互动方式,从而节约交易费用、降低社会运行成本。但长时间的框定易使得行动者产生路径依赖和行为惯性,极易形成"行为锁定效应"(Arthur,1989)。但如要跳出制度锁定效应,同样需要依靠行动者——取决于其是否能认识到制度已产生的负面作用,在此基础上重塑起新的价值观念,作出新的行动选择。

第三,行动者是该框架中最活跃也最核心的因素。既是在结构和制度影响下的行动主体,也是一系列行动过程和事件的承载体,自身具有一定的主观能动性。在行动者理论中,社会被多种类型的行动者解构。从社区层面来看,既有个体行动者,如街道领导和工作人员、居委会人员、业委会成员、社区居民等;又有不同类型的组织行动者,如政府部门、街道办事处、居民委员会、业委会等。无论是个体行动者,还是组织行动者,他们都是理性的经济人,对于利益的无限追求贯穿在他们的一切行动中。然而，由于利益追求的差异性，不同行动者在互动中难免会产生矛盾和冲突。行动者的行动除了受到利益的驱使，还会受到场域中其他行动者的影响，在互动中能不断调整自己的行为以适应社会需要。然而，面对社会结构的复杂多变，人的理性是有限的，难以做出最佳选择，其认识只能根植于现有社会结构和制度条件。此外，行动者在一系列的行动事件中会不断重复和印证既有现实情况，进而强化对结构和制度的认知。

最后，结构、制度与行动者三个层面的因素之间是相互影响和相互作用的关系。结构作为宏观层面的因素，位于最顶层的位置。宏观结构既可以创造机会，也通过权力和资源两个构件限定了中观制度的制定方向和实施过程。与此同时，在实际运行过程中，诸如基本规则、操作协议、决策规则等中观制度规范和引导着社会中各式行动者的行为方式与策略，有效维持了社会的秩序和稳定。此外，行动者虽然位于最底层的位置，但其作为能动的微观主体也对上层结构有一定的影响。其在追求个人利益的行动过程中不断强化对外部的结构和制度的认知，其能动性也可能影响制度的调整与创新。

本研究以"电动车集中充电选址"事件作为切入点，基于"结构—制度—行动者"分析框架，对选址过程中的关键事件进行深描，根据关键事件节点，将案例划分为两个阶段，提取和归纳出基层行政和社区自治的互动关系和实际困境，并试图对互动关系形成进行解释。

为便于研究展开，这里的社区特指以城市商品房为载体，以业主群体为核心构成的新型住宅小区。社区这一概念不是本土词汇，最初由德国社会学家滕尼斯提出。根据滕尼斯对社区的定义，"社区是有共同价值观念的同质人口组成的关系密切、守望相助、富于人情味的社会团体"。相比传统行政意义上的"经过社区体制改革后做了规模调整的居民委员会辖区"，小区更符合"生活共同体"的意义。这类社区覆盖范围较小，且封闭的居住属性无形中将本小区与其他小区进行了区分，让本小区业主之间产生了强烈的身份认同感。此外，同一小区内的业主不仅具有相同的地域利益，而且拥有相似的经济地位，同质性较高，更易形成相对紧密而持久的亲密关系。所以，在此基础上，本文认为，社区自治的根本含义应该是指居住在同一地域内的全体业主，基于《物权法》所赋予的物权，依据法律法规的规定和民主原则建立自治组织、确立自治规范、自主决定内部事务的一种自我管理活动。

在研究方法上，本文采用个案研究。对于案例研究而言，个案的选择非常重要。本文选取了 H 省 A 市 C 小区作为研究个案,原因在于:第一,该小区的业委会自第一届成立以来运转了 3 年以上,在运转过程中获得过群众的广泛参与、支持和好评,能够展现出完整的自治过程和良好的自治能力。第二,该小区治理过程存在除自治以外的多元力量,不同力量之间的关系处于动态变化之中,具有研究行政和自治互动的可能性。第三,研究团队一成员是该小区业主,对小区的发展历史较为熟悉,能够保证调研资料的真实性和可得性。

实证资料来源于研究团队的参与式观察、实地调研和文献整理。依靠团队成员是该小区业主的身份优势,研究者加入了案例小区数个业主聊天群和业主论坛,群内成员包括物业人员、业委会成员、业主积极分子、反对者等,对"集中充电选址"事件进行了历时半年多的"局内"观察和跟踪,获得了扎实的调研资料。具体而言:团队成员通过 QQ、微信和腾讯会议等方式与小区内部多方行动主体进行交流,获得了扎实的一手线上资料;另一方面,研究团队深入小区进行现场调研,收集了丰富的实地素材。书面材料包括实地调研中获赠或主动索要的文件材料,团队成员所撰写的近三万字的案例分析报告,报纸杂志以及官方传媒网站上的相关新闻报道和信件原文,业委会微信公众号上的全部文章,微信群成员分享的电子文档、图片式文件和聊天记录以及业委会相关的学术论文和书籍中的相关实证案例,等等。依循学术惯例,本文对涉及的人名等做了化名处理,与真实姓名无关。

三、案例描述

C 小区建于 2007 年,坐落于 H 省 A 市一河畔,占地面积 50 197 平方米,由 11 栋小高层共 28 个单元组成,合计 1 107 户。小区原居民多数为周边小学、初中、大学教师、医院医生和当时的回迁户。本应该作为优秀自治参与典范的 C 小区业委会,却在集中充电场所建设问题上,遭到了来自业主、街道办和社区等多方的阻碍,工作一度停滞。

(一)初设的业委会和隐形的街道办

小区自投入使用至今已有 12 年,第一届业委会因为居民的不信任,在 2014 年被迫解散。从这以后,小区业主对物业公司的监管基本处于真空状态。缺乏监管的物业服务质量直线下降,小区业主的权利不断受到漠视甚至侵害。

如在 2017 年 12 月,部分业主电卡无法充电,找到物业公司要求解决。物业公司却拒绝维修和卖电,反而要求业主花高价购买新电表。小区没有进行电力专变改造,物业不卖电意味着业主家不通电,这彻底引发了业主对物业公司的不满情绪。于是,重新成立业委会监督物业的呼声在各个业主微信群此起彼伏。

这时,从事政工工作长达 30 年的业主柳某站了出来,号召每个单元出一个志愿者,就"专变改公变"和"成立业委会"这两件事发放并收集投票。在短短的一周时间内,志愿者完成了所有工作,并于 2018 年 4 月在街道、社区的见证下选出了以柳某为首的第二届业委会委员 5 人,候补委员 2 人。当月,C 小区官方微信群和小区公众号上线。在广大居民一边倒支持下,业委会在短时间内制定并备案了《C 小区业主大会议事规则》,重新审查并制定了一套相对完善的物业公司考核机制。

有趣的是,微信群内物业公司经理一改往日"千呼万唤不出来"的态度,凡居民有疑问的,第一时间予以解答;凡是居民有诉求的,第一时间回应。物业员工的工作态度也随之转好,工作效率显著提升。在这种背景下,业委会的工作进一步得到所有居民的肯定。只要是业委会提出的建议,基本都能得到一致支持。在业委会的积极动员下,不少业主积极参与社区举办的各类活动。在接下来的几个月时间内,业委会顺利完成了对小区所有广告位招商,成功举办了小区"六一活动",增设了不少公共休闲设施,举办了一周一次的闲置分享会等大小活动,小区居民内部氛围融洽;当年小区收益结余 11 万多元,居民因此对业委会工作更是赞不绝口。整个小区就像注入了新的生机,一切都从混乱重新走向有序,居民生活的幸福指数得到了飞跃式提升。在这一阶段,纠纷焦点主要集中在小区业主与物业公司之间,街道办除了对业委会选举进行监督以外,并没有介入到小区内部治理中。

（二）分裂的业主和中立的街道办

C 小区建成已十余年,在建设之初没有预留电动车集中充电区域。一直以来,每个单元的楼道口长期缠绕多条电线,电线飞线而下,电动车阻塞楼道口的情况司空见惯。一些业主出于自身和家庭安全考虑,在官方微信群对小区内电动车乱停乱放、单元内充电、飞线充电等现象口诛笔伐,电动车集中充电呼声日益高涨。

业委会在微信群中了解到广大业主的需求,遂按照之前的工作模式,着手进行集中充电选址。业委会成员首先去市城建档案馆找到了 C 小区的原始小区平面规划图,根据图纸初步选定了小区 5 栋和 7 栋之间空地、小区北门空地、小区东门外门面前空地。与城管、消防、物业等方面确认了三处选址都符合相关法规政策后,制作了集中充电场地选址的《业主意见征求表》。随即发布在官方微信群中,号召每位业主积极投票。同时,发动每栋楼的志愿者利用业余时间挨家挨户请在家的业主进行选填,确保每张表都是业主真实意愿的表达。2018 年 10 月,在街道办和社区居委会的监督下,志愿者对全部回收的有效表决票进行统计,统计结果为:小区内 54.42% 的户数、占小区总面积 52.2% 的业主选择在小区东门外设置电动车集中充电场所,选票和结果均符合规定。之后,业委会在微信公众号上发布《C 小区第二届业委会第一次业主大会结果公示》,并将纸质公示结果粘贴在每个单元的门口。

然而,靠近东门的五栋四单元业主孙某发声表示坚决反对此方案。他认为电动车如果集中在此,警报声此起彼伏,本单元业主睡眠质量将受极大影响。此外,电动车都是通宵充电,万一漏电起火,相当于将小区所有电动车充电可能带来的危害转嫁给本单元的业主。孙某的表态一瞬间激发矛盾,该单元的其他业主纷纷站队,指责业委会枉顾他们的健康权、生命安全权,并强调"如果该项目继续实施,会想尽一切办法发声并阻止"。

在综合听取各方意见后,业委会主任柳某出面解释这一决定形成过程合法、透明。同时表示业委会已了解到五栋四单元部分业主需求,决定在集中充电区域设置明显关闭报警装置的标识、配备灭火设备、安装雨棚,尽可能为业主提供安全和便捷的充电场所。他进一步强调,出于小区公共安全的考虑这个项目必须进行。2018 年 11 月,公示期满后,业委会通过微信公众号和官方微信群发布《停车场和充电桩建设项目承建商家征集公告》,既邀请业主向业委会推荐,也向社会广泛征集承建商。在这一阶段,纠纷焦点主要集中在小区业主与业委会之间,街道办对于选址态度是"一切必须按照政策法规的规定行事"。

(三)强势的街道办与停摆的业委会

然而,一个来自街道的电话打乱了业委会的安排。街道办相关负责人杨某要求柳某来街道参加协调会,却不透露会议内容。到会后,杨某告知柳某 C 小区部分业主在网上发布了《强烈反对在 C 小区东门附近建立电动车集中充电点》一文。该文中控诉业委会枉顾居民意愿,强行上马电动车集中充电项目,这既给周边楼栋单元带来噪声污染和安全隐患,又涉嫌违法,言辞极其激烈,而且文后还附有 29 个居民的签字。正值年关,出于稳定考虑,街道办决定要求业委会即刻停止现有电动车集中充电设施安装工作。除非做通所有持反对意见居民的思想工作,否则不得进行电动车集中充电设施安装。

柳某回来后将投诉文章和街道的要求转发到了业主群,这两个消息犹如点燃了火药桶的引线一般,瞬间在 C 小区居民群内引起了轩然大波。一时间,一团和气的业主分裂成三个阵营,持续数天在群内互相指责。支持在东门外设立集中充电区域的居民对部分居民"扭曲事实"的表现不满,既然结果已出,那就应该按照投票结果遵守约定;中立的居民表达了集中充电的必要,但是理解相关业主的利益诉求;业委会则在群内强烈呼吁持反对意见的业主面对面交流。然而,5 栋的相关业主在群内不予任何回复,只通过中间人表示坚决反对在靠近他们楼栋的地方建设电动车集中充电设施。

眼看集中充电设施建设变得遥遥无期,部分心焦的业主在群内呼唤业委会"主持大局",但业委会的回应变得谨慎起来,不如刚开始时的热情满满。不少业主也因为在群内的持续争吵而精疲力竭,对小区事务的关注度和回应度持续下降。一年来管理良好的小区各项工作陷入停滞状态,一切努力仿佛又回到了 2014 年第一届业委会被迫解散的那个寒冬。

四、案例分析

(一)"篱笆"内的小区自治

在上述案例中,我们可以发现两个鲜明特征:一是积极行动的业主自治,二是时隐时现的基层行政。前期,在小区关键人物柳某的推动下,C 小区业主为应对物业的侵权,推动成立业委会。在业委会的带领下,居民对小区内部事务实现了良好的治理,小区氛围和谐有序。但后期,小区业主在集中充电选址项目中分歧日益严重。因为 5 栋业主的联名信,街道办介入到小区冲突之中,业主自治被迫暂停。

通过这一项目运作过程可以发现,城市小区自治活动不是无限度的,而是存在一道"篱笆"。"篱笆"本质是一道不可逾越的界限,比喻对事物的限制,一是指地理空间上的围墙,即小区公共权利的有限适用域;二是指权力运行的围栏,即小区自治权的有限作用域(李国祥,2006)。

1. 自治权利的有形"篱笆"

在住房私有化改革的推动下，城市地区形成了新的住房形式，修建了明确划定边界的围墙。封闭围墙的意义一方面在于防范外来风险，保护小区内部人员的人身财产安全。另一方面则是领地占有的标志和象征。以围墙为界对内外区域进行分隔，划分出不同地域上物品的产权性质。处于同一围墙内的居民对该领域的建筑物、公共绿地、基础设施具有共有产权，有权进行共同管理。任何可能影响到"篱笆"内居民权益的事情都会遭到反抗和抵制。因此，有形的"篱笆"还塑造出了新的社会治理空间和政治生态（吴晓林，2018）。为了有效维护"篱笆"内的合法权利，实现共有利益，小区内部人员需要成立一个代表所有业主利益的小区自治组织进行自我管理和服务。就 C 小区自治行为而言，在第一届业委会被迫解散之后，小区居民对物业公司的监管基本处于空白。物业服务质量直线下降，这些行为严重损害了居民的利益。而居住在同一空间的小区居民，在面对物业等外部主体侵权行为时具有较强的相容利益。基于《物权法》所赋予的物权和小区关键群体的推动，小区业主具有强烈动机创建业委会，旨在借助群体的力量对抗侵权对象。在小区居民被充分点燃的参与热情的推动下，短短的一周时间内，志愿者完成了所有工作，迅速成立了第二届业委会。

然而，附着在物权上而形成的组织自治内涵极其有限：在地域上，只是在小范围城市小区；在内容上，只能对篱笆以内的共有产权事务进行管理；在目的上，只是为了维护和实现共同体范围内的私有利益；在效力上，自治约束力有限，因缺乏强制力，而执行力不足。因此，封闭小区的自治难以将治理效益释放到小区篱笆以外的区域，更不用说扩大到整个城市治理层面。

此外，作为理性经济人的业主，在自治过程中，对于个益、共益、公益的行动积极性是逐步降低的（吴晓林、李昊徐，2019）。在集中充电项目的开展过程中，小区业主出于各自成本—收益的考量，原先一团和气的业主分裂成两个阵营，持续数天在官方微信群内互相指责。反对者多为电动车车主，更多关心自己的财物安全和生活方便，不少人表示"集中充电要求电动车停在小区外，如果丢失，业委会是否负责赔偿""集中充电不允许电动车进小区，要搬重物怎么办，业委会漠视居民生活需求等"；赞成者则多为家中没有电动车的业主，更关心消防安全，表示"如果不进行集中充电，发生意外代表多数人为少数不遵守规则的人买单，结果已出，那就应该按照投票结果遵守约定，少数服从多数"。原在业委会成立之前，物业在 6 栋开放性架空层安装了电动车扫码充电装置。

随着投诉信导致项目的停滞，6栋业主也在微信群内表达自身诉求，"既然部分业主无法接受在小区外建设充电设施，那么也没有必要把风险都集中到6栋，要求目前在楼下充电的居民将车放置回本单元门口"。

在没有强制权力的保障下，业委会也难以行使"集中"的权力，小区秩序最终走向无序。业委会主任柳某无奈说道："业委会本来就是个群众自治组织，没有行政强制权哪来欺压他们之说？真的是寒人心！忙前忙后忙了大半年，最后连个电动车集中充电站都搞不下来，真的没什么意思。有章程，程序也合规，我们也问心无愧，知道是件好事却办不下来。这工作不好做，每个人都想自己的想法被听到、被采纳，却假装听不见别人的想法。"

2. 穿越"篱笆"的行政权力

近年来，随着治理重心下移速度的加快，城市基层治理体制的变革过程反映出"国家收缩、社会扩张"的治理趋势，社会行动者的参与也日益多元化。然而，实践表明社会主体参与仍是有界的，只能在国家框定的制度和权力"篱笆"内行动。具体而言，当小区内部环境较为稳定时，只要不违背国家的大政方针，小区业主通常可以做到"自己的事情自己说了算"。政府对此则采取默认态度，只监督、不介入。对于能较好分担管理事务，促进小区秩序和谐的自治行为，基层政府对其表现出更加宽容的态度，甚至积极鼓励小区自我管理和自我服务。如在前期业委会的良好运作下，C小区业主自治行动良好，小区氛围和谐有序。基层政府秉持"自己的事情自己干"的态度，没有特意去"刷存在感"，所有工作基本上都是业委会协调推进。此时，小区治理事务基本上在业委会的带领下得以解决。

一旦小区秩序趋向不可控、矛盾外溢和蔓延的可能，基层政府则会一改旁观姿态，立马介入，用行政干预手段来抑制不稳定因素的发展。学者将此种行为概括为"策略性治理"，"看得见"或"看不见"成为鲜明特征（王汉生、吴莹，2011）。这种特性在C小区案例中表现得十分明显。后期，因为少数的临近选址旁的业主在网上发文，产生了舆情影响。这封投诉信触发了政府的维稳开关。为了阻止内部冲突无限外溢，街道办立马干预了小区内部事务的处理过程，严格要求业委会必须说服所有反对者业主，否则必须先停止选址推进。这种苛刻的投票条件对于业委会来说是难以达成的，原本快速发展的集中充电项目也因此陷入了停滞。街道办负责人杨某对此解释道："建电动车集中充电站这个事情属于小区自治的范畴，我们不便去干预。但如果有人持明确的反对意见，从稳定的角度来考虑，我们肯定是会叫停这个项目的。"

（二）"篱笆"内自治的形成逻辑

在基层政府时松时紧的策略性行为的影响下，城市小区的自我治理只能在一定的"篱笆"内进行，而这种有限参与又会导致自治能力得不到发展，进一步加剧了困境。基于"结构—制度—行动者"分析框架，下文拟从结构失衡、制度惯性、理性行动三个维度，试图阐释"篱笆"内自治的形成逻辑。

1. 结构失衡：非对称的权力格局

结构层面主要反映了行动主体的权力运行和资源分配之间的关系。不同的权力分配方式形塑了不同的治理结构，单个行动者意志的发挥不可避免地受到结构的制约和影响。简单地讲，就是有多大权力，就有多大的决策和行动的自主空间，可以调动多少行动资源。在新时代，社会治理已不再是党委和政府"独自唱戏"，而是在党的全面领导下，形成政府负责、社会调节、居民自治、多方主体良性互动的局面。在此案例中，上层结构体现为在我国的社区治理实践中，街道所代表的行政和业委会所代表的自治在权力格局和资源密度上的分配差异。

从权力的作用强度和配置关系来看，目前我国的权力与权利的配置格局依旧处于"强政府—弱社会"的阶段，且这种关系短时间内难以被改变，政府和社会行动者在小区治理上身份地位悬殊。梳理社区相关政策文本发现，自20世纪90年代中期以"社区制"取代"街居制"以来，社区更多被认定为行政管理的微观单元，而非"社会共同体"。如《民政部关于在全国推进城市社区建设的意见》（中办发〔2000〕23号）文件开头便提出"大力推进城市社区建设，是新形势下坚持党的群众路线、做好群众工作和加强基层政权建设的重要内容"，将基层政权建设放在关键位置。总而言之，中国语境下的小区自治是在国家的让渡下形成的，但这种主动让渡和赋权行为并不必然实现社会的内部增能。"天然的结构缺陷导致了业委会自身的脆弱，业主的公共意识不足使得业委会先天不足、后天乏力"（吴晓林、谢伊云，2018）。业主委员会成员柳某以自身实践经历证实道："业委会本来就是个群众自治组织，我们（业委会）成员不是大学教师，就是企业主，为小区做事靠的是一份情怀。业委会全体成员和志愿者都有自己的工作，当初成立业委会，我们承诺过以后不管小区收益如何，业委会和志愿者绝对分文不取。但最终的管理还是全靠小区业主的自我约束，有人真不遵守的话我们也没有办法。"

除自治空间外，主体力量的强弱和其拥有的资源密切相关。在长期的治理实践中，政府不仅锻炼了较强的治理能力，而且掌握了丰富的治理资源，其在多元社会治理模式中获得治理主导权，成为"元治理者"，形成了对其他治理主体的绝对优势。在案例中，尽管理论上集中充电项目经过业主大会投票，且对全部回收的有效表决票统计出 54.42% 的选票，52.2% 的面积选择同意在小区东门外设置电动车集中充电场所。选票结果符合《物业管理条例》第十二条规定"业主大会会议可以采用集体讨论的形式，也可以采用书面征求意见的形式；但是，应当有物业管理区域内专有部分占建筑物总面积过半数的业主且占总人数过半数的业主参加"。业委会推行东门选址行为合规合理。在电动车集中充电选址发展后期，街道办的干预迅速改变了小区业主的博弈格局，使得局势朝着闹大者方面倾斜，而业委会并不具有和街道办抗衡的能力，最终导致了少数服从多数。

2. 制度惯性：政府职能转型的路径依赖

制度是新制度主义的核心概念，制度不仅包括正式的规则、程序或规范，而且还包括符号系统、认知规定和道德文化等非正式规则。制度形塑和规范着行动者的行为方式与策略，其具有稳定性，在缓慢中演进和变迁，极有可能形成制度锁定和路径依赖。该案例涉及的制度因素主要包括：《物权法》《业主大会和业主委员会指导规则》《物业管理条例》和《C 小区业主大会议事规则》等成文制度局限以及"全能政府"观念、行政惯性等非正式制度锁定。

在正式制度层面，《物业管理条例》对业主自治程序进行了详细的规定。所有决策事项必须通过业主大会决议，投票只有达到双半或者超三分之二时，决议才能生效。最重要的是，完整的决策流程走下来至少需要半个月。严格冗长的程序大大增加了自治的行动难度和决策成本。从 C 小区自治过程看，业委会在成立之初需要向有关部门备案，并在相关的法律法规框架下制定《C 小区业主大会议事规则》。电动车集中选址过程中，业委会成员需要跑到各个单位去咨询、找资料，并与城管、消防、物业等方面确认了三处选址都符合相关法规政策后，才能进行投票。为了保证投票效力，志愿者需尽可能多地通知到业主本人，确保每张表都是业主真实意愿的表达。此外，现有规定对小区自治权责表述并不明确，如什么情况下由什么部门负责、指导和帮助，业主自治的具体范围包括什么等等，缺乏精细化的界定。在制度限制和法规模糊的双重影响下，基层行政具有较大操作空间，容易产生缺位与越位并存的现象。

在非正式制度方面，"全能政府"观念深植官民心中，使得自治陷入负循环。"全能政府"的观念不仅压缩了居民自治的行动空间，更是给人们带来了一种"政府万能"的认知错觉。在遇到问题时，习惯性寻求政府帮助，在某种程度上也反映了业主对自治的不信任。从本案例来看,利益受损的业主无视以前一致通过的《C小区业主大会议事规则》,在网络上发表反对业委会决定的激烈言论,这反映了一种闹大逻辑,是希望引起政府注意。在《强烈反对在A小区东门附近建立电动车集中充电点民意书》中,5栋居民更是直接表示:"因在小区内向业委会反馈我们的意见无效,特向社区、街道书面提交反对建设的民意书。……业委会只采用了志愿者上门请业主填写票据的形式进行投票,过程是否绝对真实不得而知。"信任是行动的基石,没有信任就没有合作,集体行动能力只会日趋衰弱。这为基层行政干预小区自治事务提供了理由和契机(徐志国、马蕾,2013)。

同时,受传统的行政惯性影响,一些干部仍持有国家权力大于社会权力的传统观念,习惯用单一简单、强制行政化的手段去指挥、控制、约束基层群众自治组织,进一步削弱了自治机制的功能,更难以达成基层行政治理与业主自治的良性互动。在集中充电选址案例中,街道办在接到通知后,没有尝试指导新的场地选址,也没有从安全生产的层面普及集中充电的必要性去凝聚共识,而是选择最简单的"一刀切"按下暂停键,消极应对,导致了业委会工作推进举步维艰。久而久之,加剧了"强政府—弱社会"的社会治理结构。

3.利益至上:行动者的理性策略行为

利益是人类行为的根本驱动力。正如马克思所说:"人们奋斗所争取的一切,都与他们的利益有关。"政府、居民这两大行动主体无论是作为个人行动者还是组织行动者,都是理性并追求私利的行动者,利益追求都会直接或间接影响到他们的行为。此案例涉及两大关键行动者包括:松散联盟的社区居民个人和维稳当先的基层街道组织。无论是在行动者个体与个体之间,还是行动者个体与组织之间,利益都不是完全弥合的。相反,各自在追求自我利益最大化的过程中还存在冲突和对立,从而影响行动者之间的互动状态。

在自治个体层面,无论是理性的合作还是非理性的闹大,它的发展变化归根结底都受到利益的影响。居住在相同地域的小区人群存在许多外在的共同利益,如享有相同的公共空间、基础设施、生活环境等,这种共同性为各阶层之间的民主沟通提供了一种社会基础,但共同利益不是稳定的,而是动态的。当共同利益和个体利益相冲突时,这种松散的联盟将会出现分化。在C小区自治案例中,此前业委会各项工作符合全体业主的利益诉求,故能够短时间内得到业主一边倒的支持。但集中充电选址是一种邻避设施。对集中充电区域所在地临近楼栋的居民来说,小区电动车集中充电的效益为小区所有业主共享,但其负外部效果却由他们来承担。相对于其他业主来说，获得同等效益的条件下，他们为此承担了更大的成本和风险。因而，其产生了心理上的不平衡感和厌恶感，从而不可能与其他业主保持完全一致的意见，最终发展成为反对建设的"主力军"，"自治"演变成支持方、中立方、反对方各执一词，互不相让。反对者孙某对此愤怒道："为什么要少数服从多数？一个小区多少人，我们5栋才多少人？对大多数人来讲，只要不涉及自己的利益，建在哪里不都是投赞成票？如果只是按照少数服从多数的投票方式，我看即使是建在加油站旁边这方案都能通过。"在没有强制权力的保障下业委只能依靠前期签订的治理契约行使微乎其微的"集中"权力。

在行政组织层面，目前我国处于发展关键期、改革攻坚期和矛盾凸显期，保持长期和谐稳定的社会环境是完成改革和发展繁重任务的重要条件。在"稳定压倒一切"的目标导向下，维稳成为各级政府的重点工作。通过压力型体制运作，维稳压力层层传递到基层达到最强。因此，在维稳和问责压力无限的条件下，理性经济的基层政府为了维持自身的政绩，避免被问责，对于可能带来维稳压力的自治行为，便有着强烈的介入动机。作为管辖C小区的直接负责人，街道杨主任对此解释道："毕竟每个业主都是有同等权利的，大家都是自己出资买的房，不能说是为了集体的一个利益就去侵犯某些少数人的利益。这样是不公平的，也容易引发事端。"

综上所述，从宏观社会治理结构看，政府和社会权力分配差异直接影响了两者的行动资源的丰富程度，"强政府—弱社会"的结构特点愈发明显。这样的结构特点传导到了中层制度上。在长期的行政主导化的社区治理模式之下，制度制定难免受其影响，具体表现在政策取向倾向于限制和规范社会力量的发展，而根深蒂固的全能政府观念则成了居民难逃的"文化基因"，最终导致了自治行为易被行政行为所压抑。此外，行动者策略行为不会脱离社会环境独立存在，而是受限于外部"情境"和"条件"，由此选择理性行为。他们的行为和互动反过来又会对外部结构和制度产生影响，进一步强化或变革环境。

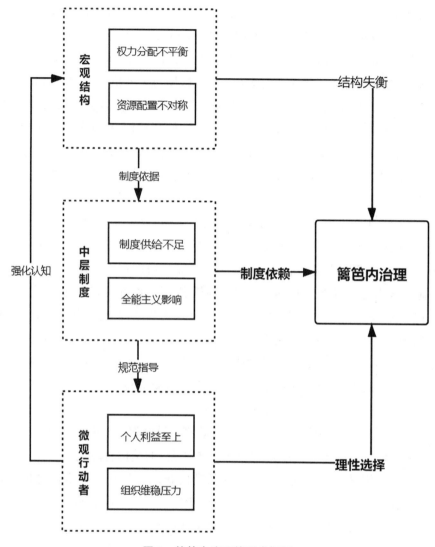

图 3　篱笆内治理的形成根源

五、结论与讨论

纵观集中充电选址始末,我们看到了行政权力和自治权力共存于社区治理当中。在社区自治层面,业委会作为小区的自治组织,通过自我动员和自我组织,实现部分公共服务的自我供给。但由于自身局限性,"社区纠纷难以在地化解决,使得一些社区纠纷的解决过程呈现出'闹大'逻辑,导致自治困境"

(汪仲启、陈奇星,2019)。在政府行政管理层面,街道办作为城市基层治理的行政机构,在基层社会管理结构中依然处于强势地位,他们的行动在隐性和显现之间自由转换。当行政力量在显性越位过程中,处于弱势地位的自治力量很容易被其俘获,形成基层治理"内卷化"的循环。

这种逻辑困境深刻体现了国家现代化转型中伴随而来的行政与自治关系失衡和边界不清的问题。一方面,随着社会问题的复杂化与人们需求的多变化,国家治理的难度加大,依托行政力量总包总揽的治理方式难以满足社会发展的需要。同时经济发展带来了人们权利意识的觉醒,社会力量不断增强,在社区层面作用日趋凸显。无论是解决纠纷还是提供公共服务,其适用边界不断扩展,为社区建设注入了新的活力。但社区自治的基础是薄弱的,业主会因社区共同利益而集聚,也容易因个人利益而分化。在不稳固的关系下,业主行动极易导致社区秩序的混乱,难以承接住社区治理重任。另一方面,由于长期存续在"强政府—弱社会"背景下,政府和公民依旧秉持着大政府管理理念,影响了自治力量的发挥。加之没有明确的制度规定,政府难以把握好放权与控制的边界,出现行政手段退出缓慢、缺位、错位以及越位现象并存的现象,引起社区自治的"无所适从"。

随着社会治理重心进一步下移,社区日渐成为一种集"政治、行政、社会"三种功能于一体的复合体(吴晓林,2019)。从城市社区治理需求来看,政府行政和社会自治都是基层社会治理中不可或缺的力量,不能也不会完全分离开来。因此,两者不应陷入非 A 即 B 的零和博弈中,而应相互补充、相辅相成。理论上,政社合作的社区治理改革方向已经明晰,但实践的关键在于如何去界定两者的运行轨道。具体而言,对于社区居民能够自己解决的问题,政府应充分尊重群众自治的权利和意愿,从宏观方面把握治理方向,支持业委会等自治组织依法依规依程序推进治理,有意识地扩展自治边界。但放权不意味着让渡责任、撒手不管。对于无法解决的争议或者纠纷问题,政府应主动承担治理责任,积极履职发挥作用,社区自治就能更有底气,解决问题才会事半功倍、水到渠成。但这种干预必须是有限度的,只能以提升城市治理效果为目标,以维护社会秩序和公共利益为限,以法律规定的范围为界(姜明安,2006)。

参考文献

安东尼·吉登斯,1998. 社会的构成:结构化理论大纲[M]. 北京:生活·读书·新知三联书店.

陈朋,2012.政社合作中的基层社会管理创新——政府行政管理与群众自治衔接互动的太仓实践[J].中共中央党校学报,016(006):76-80.

陈鹏,2018.社区去行政化:主要模式及其运作逻辑——基于全国的经验观察与分析[J].学习与实践(02):89-97.

陈荣卓,李梦兰,2017.政社互动视角下城市社区协商实践创新的差异性和趋势性研究——基于2013—2015年度"中国社区治理十大创新成果"的案例分析[J].中共中央党校学报,21(03):54-64.

道格拉斯·诺斯,2008.制度、制度变迁与经济绩效[M].上海:格致出版社.

董强,李建兵,陆从峰,2011.实现政府行政管理与基层群众自治有效衔接和良性互动之初探——基于盐城10个县市区的调查分析[J].江苏社会科学,000(006):115-121.

杜玉华,吴越菲,2016.从"政社合作"到"互嵌式共治":社区治理结构转型的无锡实践及其反思[J].南京人口管理干部学院学报,032(001):3-13.

姜明安,2006.公权与私权需要平衡[J].人民论坛(16):36-37.

李国祥,2006.社会转型时期城市社区自治的若干问题与思考[J].学术论坛(03):142-146.

李月军,2007.以行动者为中心的制度主义——基于转型政治体系的思考[J].公共管理学报(03):28-35+122.

刘成良,2016.行政动员与社会动员:基层社会治理的双层动员结构——基于南京市社区治理创新的实证研究[J].南京农业大学学报(社会科学版),16(03):137-145+160.

刘朋君,2013.乡村治理中行政权与村民自治的博弈[J].辽宁行政学院学报,15(005):14-15.

马克思,1956.马克思恩格斯全集:第1卷[M].北京:人民出版社.

马克思,恩格斯,1995.马克思恩格斯选集:第一卷[M].2版.北京:人民出版社.

马卫红,2010.有限度的行政与自治:当前城市基层社会管理体系建构的逻辑[J].理论与改革(03):20-23.

苗延义,2020.能力取向的"行政化":基层行政性与自治性关系再认识[J].社会主义研究(01):84-92.

帕森斯,2003.社会行动的结构[M].张明德,夏遇南,彭刚,译.南京:译林出版社.

孙柏瑛,2016.城市社区居委会"去行政化"何以可能?[J].南京社会科学(07):51-58.

孙立平,2001.中国农村:国家—农民关系的实践形态—试论"过程—事件分析"方式[J].经济管理文摘,(19):12-15.

汪仲启,陈奇星,2019.我国城市社区自治困境的成因和破解之道——以一个居民小区的物业纠纷演化过程为例[J].上海行政学院学报,20(02):53-61.

王德福,2017."社区自治"辨析与反思[J].云南行政学院学报,19(02):13-20.

王汉生,吴莹,2011.基层社会中"看得见"与"看不见"的国家——发生在一个商品房小区中的几个"故事"[J].社会学研究,25(01):63-95+244.

吴晓林,2015.中国的城市社区更趋向治理了吗——一个结构—过程的分析框架[J].华中科技大学学报(社会科学版),29(06):52-61.

吴晓林,2017.结构依然有效:迈向政治社会研究的"结构—过程"分析范式[J].政治学研究(02):96-108+128.

吴晓林,2018.城市封闭社区的改革与治理[J].国家行政学院学报(02):122-127+138.

吴晓林,2019.治权统合、服务下沉与选择性参与:改革开放四十年城市社区治理的"复合结构"[J].中国行政管理(07):54-61.

吴晓林,李昊徐,2019.城市商品房社区的冲突与精细化治理——一个以业主行为为中心的考察[J].内蒙古社会科学(汉文版),40(02):22-27.

吴晓林,谢伊云,2018.房权意识何以外溢到城市治理?——中国城市社区业主委员会治理功能的实证分析[J].江汉论坛(01):132-137.

吴晓林,张慧敏,2016.治理视野中的城市基层管理改革:问题、悖论与出路[J].行政论坛,23(04):25-29.

谢立中,2007.结构—制度分析,还是过程—事件分析?——从多元话语分析的视角看[J].中国农业大学学报(社会科学版)(04):12-31.

徐道稳,2014.社会基础、制度环境和行政化陷阱——对深圳市社区治理体制的考察[J].人文杂志,000(012):117-124.

徐勇,2001.论城市基层社区建设中的社区居民自治[J].华中师范大学学报(人文社会科学版)(04):5-13.

徐志国,马蕾,2013.难以摆脱的行政化——城市社区自治改革的困境初探[J].云南行政学院学报,15(06):69-73.

张必春,周娜,2018.政府行政管理与社区居民自治有效衔接的路径研究——基于武昌区H社区治理实践的考察[J].云南行政学院学报,000(004):22-27.

张静,2000.基层政权:乡村制度诸问题[M].杭州:浙江人民出版社.

赵萍丽,沈邑川,2016.当前我国城市社区治理中的行政与自治关系问题探析[J].求知导刊(15):41-42.

ARTHUR W B,1989,Competing technologies,increasing returns,and lock-in by historical events[J].Economic Journal 99:116-131.

"Governance Within the Fence": the Interactive Relationship Between Grassroots Administration and Community Autonomy in Urban Governance —— A Case Study of the Site Selection for Electric Vehicles Centralized Charging in C Community

Yan Kegao   Tang Ting

Abstract: Under the pattern of pluralistic co-governance, the key of urban governance lies in the benign interaction between government and society. However, the academia focus on the roles orientation of the two from a macro perspective, and pay insufficient attention to their interaction from a micro perspective. By taking the site selection of electric vehicle centralized charging in C community in A city as an example, this paper constructs an integrated analysis framework of "structure-institutional-actor", which help describe the interaction between grassroots administration and community autonomy from A microscopic and dynamic perspective, and try to explain its formation logic. It is found that "Governance Within the Fence" is a interactions characteristic between grassroots administration and community autonomy in the practice of urban governance in China. Firstly, the visible "fence" of the autonomy right, which is reflected in the limited scope of the operation for community autonomy, and it can only govern the internal affairs of the community and face the challenge of the personal interests of the internal actors, so that its effectiveness is limited and it is difficult to expand to a broader field. Secondly, the administrative power to cross the "fence". which is reflected in the limited conditions of grassroots administration on the exercise of autonomy, and it can only be carried out in a stable order. Once the community becomes disorder, it will encounter the intervention of administrative power, and it is very likely to malfunction. The formation of this interactive relationship is closely related to the imbalance of political and social power structure, long-term institutional inertia and rational profit-seeking behavior of actors.

Key words：community governance；grassroots administration；community autonomy；limit of interaction

高政府质量降低武装冲突了吗

——基于跨国面板数据的分析*

王思琦**

摘　要：政府质量(quality of government)是对一个国家政府治理水平和治理能力的测量。政府质量对于武装冲突(armed conflict)的产生、发展和解决有着重要的意义，然而到目前为止，这方面研究仍然缺乏经验证据。基于瑞典哥德堡大学政府质量数据库(the quality of government dataset)中的跨国面板数据，使用学校性别比和政府预算赤字/盈余作为工具变量(instrumental variables)，对政府质量水平与武装冲突数量的关系进行了实证检验和因果推断。发现高质量的政府降低严重冲突发生的概率，而低质量的政府往往带来内战和动乱。因此，要解决当前全球范围内的各种冲突和战乱，必须推动政府治理水平与治理能力的提升。

关键词：政府质量；武装冲突；工具变量

一、引　言

群体冲突(group conflict)受到社会科学的广泛关注。冲突对社会成员的

----

　　* 教育部人文社会科学研究青年基金项目"基于 IAT 实验方法的政府信任测量与影响机制研究"(项目编号：17XJC630009)；教育部人文社会科学研究规划基金项目"基层政府权力清单制度实施路径研究"(项目编号：17YJAZH025)。
　　** 王思琦(1978—)，男，清华大学社会学博士，西南交通大学公共管理与政法学院副教授，研究方向为政府能力与政府信任、实地实验(field experiments)方法，已完成多项政治学与公共管理领域的实地实验研究，翻译 Gerber 和 Green 撰写的《实地实验：设计、分析与解释》(*Field Experiments：Design，Analysis，and Interpretation*)，中国人民大学出版社 2018 年出版。Email：norsky@163.com。

财产、声誉、心理、健康乃至于生命都会造成伤害。群体冲突是两个和两个以上群体之间的互动,冲突通常表现为一种现实行为而非主观感受,即基于价值、地位、权力等稀缺资源的斗争,冲突双方的目标不仅是获得想得到的东西,同时也希望能够伤害甚至消灭对方。冲突包括了一系列形式,如骚乱、反叛、革命、罢工、游行示威等(Oberschall,1978)。

冲突是人类社会的常态,任何一个国家或地区都可能发生某种程度的冲突。但是,不同国家的冲突形式、范围和影响都有所差异。那么,为什么有些国家的冲突很多?有些国家的冲突相对较少?以往的研究者从不同角度对此进行了深入探索,不仅分析了冲突发生的风险、冲突持续时间、冲突的社会后果,还对冲突的原因进行了理论解释与实证检验。

对于冲突原因的解释有很多种,包括经济发展水平,社会结构(分层与流动),宗教、语言、种族的分化,甚至气候变化、地理条件与冲突发生之间的关系。这些研究加深了对于群体冲突发生机制的理解,但在相关研究中,政府的影响往往被忽视,虽然很多研究将政治制度作为解释变量来分析冲突的发生,这些研究通常假定民主制度可以降低冲突,至少是民主国家与民主国家之间的冲突,即所谓的民主和平论(democratic peace),但是单纯使用民主与非民主作为政治制度的划分,并不能充分地解释为什么在一些非洲和南美所谓的民主国家,国内冲突仍然此起彼伏(Hegre et al.,2001)。

政府质量概念对于理解群体冲突的原因具有重要意义,单纯从民主等意识形态的角度来解释冲突发生,其解释力往往有限,而政府质量作为一个衡量政府治理能力和水平的概念,能够更加充分地解释冲突的产生、发展和解决机制。基于已有的研究文献,我们将政府质量进行了区分和界定,认为目前学术界对于政府质量的划分与操作化可以分为三种:绩效与结果测量,规范与程序测量,以及自主性与能力测量。

我们认为,有意义的政府质量定义必须要排除结果测量,而将规范与程序测量以及自主性与能力测量进行综合,才能对影响群体冲突的两个政府质量维度品质与能力进行有效的测量。我们假设,如果一个政府缺乏公正性、透明性而且明显腐败的话,会造成利益受到损害群体的不满和愤怒,最终使冲突发生的风险提高。而如果政府在治理能力与自主性方面较为缺乏的话,则在冲突发生的时候难以进行控制和约束,使得该国的冲突增加。

本文使用瑞典哥德堡大学政府质量数据库,对研究假设进行了实证检验。为了有效地测量群体冲突,我们采用武装冲突作为群体冲突的测量指标,众所周知,武装冲突是群体冲突的极端形式,也是最激烈的一种群体冲突[①]。武装冲突的发生,说明一个国家中各种群体(种族、宗教、阶级)之间的矛盾已经无法采取和平方式解决。武装冲突由于其影响范围较大、严重程度较高,因此更能够体现政府在冲突发生和解决中的意义(Sambanis,2004)。

当然,武装冲突在全球范围分布不均,影响程度也有差异,例如非洲历来是武装冲突的重要发生区域,无论是冲突数量和规模都在全球首屈一指(Harbomand Wallensteen,2009)。总体来说,"二战"以后,虽然有着冷战的宏观政治背景,全球范围内的武装冲突仍然呈现出明显上升的趋势,从图1中可以发现,在20世纪60年代初期殖民地国家独立运动高潮时,以及东欧和苏联社会主义国家转型初期,武装冲突呈现迅速增加的趋势,这些都可能与政府质量变化有一定关系,也是我们希望解释的现象。

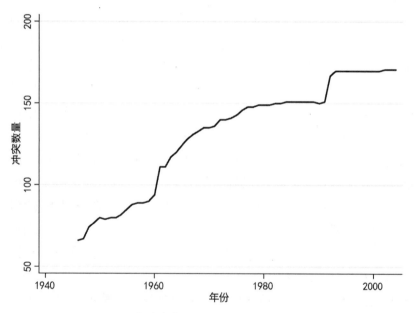

图1 全球武装冲突数量趋势(1946—2004)

数据来源:瑞典哥德堡大学政府质量数据库

本文可能的贡献如下:如前所述,以往研究大多将一些非政治因素,如经

[①] 之所以采用武装冲突作为研究的结果变量,而不是一般意义上的群体冲突,原因一方面在于普通群体冲突,如游行示威、群体性事件、罢工等数据难以获得。另一方面,武装冲突作为群体冲突的极端形式,可能与政府关系更加密切,武装冲突的操作化定义见数据、变量与方法部分。

济、种族、宗教、资源与气候等作为解释变量,政府在武装冲突中的作用往往被忽视或低估。因此,本文基于文献和分析,将政府质量作为武装冲突的核心解释变量,具有理论和概念上的贡献。

此外,为了解决政府质量与武装冲突之间的内生性问题,研究使用了工具变量方法,将学校性别比率和政府预算赤字/盈余作为政府质量的工具变量,发现在掌握了经济、民主、族群、语言、宗教等因素后,政府质量可以显著影响冲突的数量,即验证这种影响是一种因果效应,具有实证检验上的贡献。

本文的结构安排如下。第二部分对于政府质量文献进行了回顾,并评价了目前三种政府质量定义的优缺点。第三部分从品质与能力两个方面解释了政府质量如何作用于武装冲突,第四部分介绍了数据来源、变量定义和分析方法,第五部分是统计结果,第六部分总结研究发现并讨论了研究意义与局限性。

二、定义政府质量

政府质量反映了一个国家或地区政府的治理能力和水平(臧雷振,2012;臧雷振、徐湘林,2013)。虽然以往国内偶尔有学者使用"政府质量"概念来研究某种问题(陈德球、李思飞、钟昀珈,2012;郁雷,2012),尤其是政府质量与经济发展之间的关系,但相关研究并没有尝试做出清晰的理论界定,往往从字面上的意思来使用(陈刚、李树,2012),缺乏理论挖掘。

在政府质量研究中[①],政府绩效(performance)、公共服务(public service)等传统研究概念可能是最接近的,但是这些研究存在一些问题有待解决,主要是测量指标大多是一些管理学通常使用的效率(effectiveness)指标(甚至直接借用评估企业绩效的指标),将政府类比为公司,将公民类比为顾客(吕维霞、陈晔、黄晶,2009)。这种研究仅仅将政府当作一个特定的服务提供机构,而忽视了其政治和社会角色(何俊志、强舸,2011)。

在理论研究文献中,政府质量的定义一直是有争议的。政府质量是一个单一维度的概念,还是多维度的概念?哪些维度应该包括在政府质量定义里,

---

① 世界银行及其他相关机构的界定中,通常把善治(good governance)与政府质量交替使用,看成是含义相同的术语。

并不能取得一致(Adsera and Payne,2003)。按照某些研究者的理解(Agnafors,2013),政府质量是一个"复杂定义"(complex definition),包括对公共意见的回应性(demands of a public ethos)、决策良好与决策解释(good decision making and reason giving)、法治(the rule of law)、效率(efficiency)、稳定性(stability)以及慈善原则(principle of beneficence)等等。

我们认为,如果将所有对政府治理能力的良好预期都纳入政府质量的定义中,反而会使政府质量的精确性和解释力降低,变成无所不包而空洞的概念。因此,在分析政府质量对武装冲突的影响之前,有必要对政府质量的定义进行审视。

(一)绩效与结果定义

可能是受到政府绩效研究的影响,很多政府质量研究都采用了绩效与结果测量(outcome measures)。福山(Fukuyama,2013)指出,绩效与结果测量是通过测量想要政府做的事或者对政府某种良好预期来体现政府质量,比如使用经济发展、教育、公共卫生、公共安全、国防甚至幸福感(Helliwell and Huang,2008)来衡量政府的治理水平。

例如,在经济学家看来,政府质量与经济发展(economic development)密切相关,换句话说,一个高质量的政府就是可以有效促进经济发展的政府,然而,这种视角忽略了更加广阔的政治和社会过程,因为经济发展水平虽然会受到政府政策的广泛影响,但同时也是一个国家的资源、文化和地理等多种因素导致的后果,如果仅仅是经济发展水平较高或者增长较快,就断定政府质量较高的话,可能存在偏误,因为一个质量较低的政府由于其国家资源方面的禀赋,可能短期内经济增长很快。

绩效和结果定义除了单一归因的逻辑问题,同时还存在内生性问题。例如有些研究认为,一个国家的政府质量与以信任为基础的社会资本(social capital)密切相关(Knack,2002)。普特南的一系列研究(Putnam,1993,2000,2002)认为,信任、规范、网络共同构成了社会资本,较高的社会资本,意味着公民能够广泛地参与公共事务,能够有效地监督和激励政府,即政府质量的提高。甚至有人认为,社会资本与其他各种影响因素相比较,对于政府质量有着决定性的影响(Rothstein,2011)。然而,问题在于,信任等因素可以看成是政府质量的来源,但也可能是政府质量的结果(Uslaner,2002)。高质量的政府在公共福利支出方面的程度往往较高,使得社会福利、教育、生活水平提高,公众更加愿意信任和参与公共事务,进一步促进了社会资本形成,最典型的代表就是瑞典、挪威、芬兰所代表的北欧福利国家,政府质量与社会资本都居于世界最高水平。

从上面的两个例子我们可以发现,如果按照绩效和结果来定义政府质量,就很难将政府质量与其他相关概念区分开来。所以,福山(Fukuyama,2013)将结果定义视为有重大缺陷的定义。他认为,这些结果虽然受到人们的欢迎,但未必是政府行为导致的,例如,环境变好并非是政府保护和治理的结果,可能是经济发展、产业结构、生产技术等因素导致的。此外,结果测量很难与规范和程序测量分离。他建议最好将绩效结果视为政府质量导致的,而非视为测量政府能力的指标。所以,本文中不采用政府质量的绩效和结果测量。

(二)规范与程序定义

另一种政府质量的定义,是规范(normative)和程序测量(procedural measures)①。规范和程序定义是对政府应该具有哪些品质的一种判断,在某种程度上具有道德和价值判断。

规范和程序定义的问题,首先是如何处理民主与政府质量。民主不仅是一种执政者产生的程序,同时也具有价值标准和道德判断的意义,即规范性。所以,在传统的观点看来,高质量的政府理所当然应该是民主制度下的政府,民主以高度竞争性选举为代表,使得公民广泛地从事政治参与和宣传动员,这些会带来政治正当性(合法性)的基础(Huntington,1991;Rothstein,2009)。

然而,很多经验研究表明,政治质量虽然在一定程度上依赖于民主价值和选举程序,但是,许多所谓民主国家中的政府质量却很低,经济发展落后,民众的生活水平、幸福感都很差(如一些非洲和南美国家),而一些具有较高经济发展水平和生活品质的国家(如新加坡),在传统上并不视为民主国家(Hegre,2014)。因此,福山(Fukuyama,2013)将治理界定为"政府制定和实施规则以及提供服务的能力,不论这个政府民主与否"。由于民主与政府质量并没有确定关系,所以应当尽量避免这种定义(Rothstein and Teorell,2008)。

此外,腐败(corruption)作为规范性维度与政府质量也密切相关,早期的

---

① 这里之所以将规范和程序视为同一种定义,原因是规范测量是对政府运作的目标应该是什么的界定,而程序测量则是政府应该按照什么程序运作的界定,二者对应于实体和程序正当性,因此,出于论证清晰性考虑,将二者看作同一类型。

研究者大多通过腐败程度来测量政府质量(Warren,2004),认为政府质量可以采用腐败程度表示。显然这一指标过于简单,因为腐败仅反映了政府质量的规范性,腐败程度较低的政府虽然在规范性方面值得赞扬,但是并不一定带来较高的治理水平,没有或者较低腐败仅仅是政府质量的必要条件,而非充分条件,即政府不做坏事并不一定意味着能够做好事。

即使同样属于规范定义,腐败与民主之间的关系也是非常复杂的。例如,大多数的经验研究都认为,民主程度越高的国家,腐败程度越低。但是,转型政权之下的腐败程度却低于部分民主化的国家。换言之,在民主化初始阶段,一个国家的政府质量会有所下降,而随着民主化程度的逐步深化,政府质量又会逐步提高(Montinola and Jackman,2002)。为什么与威权政体相比,半民主化的政体更加腐败?因为在半民主化的国家中,政治竞争的程度比较低,权力运作的空间更大,而原有威权政体对腐败的控制力已消失,因此腐败更加盛行(Warren,2004;Andrews,2010)。

以罗斯坦为代表的政府质量研究者提出了将公正(impartiality)作为政府质量测量的核心标准(Rothstein and Teorell,2008),也是出于规范意义上的考虑。公正,或者更准确地说无偏性,意味着政府在所有公民和群体面前,保持一种相对中立立场,对所有人一视同仁,而不是将资源和利益优先分配给某些群体和个人(Holmberg et al.,2009)。高质量的政府也是公正的政府(Rothstein,2003),但是,公正定义的问题在于如何测量,初步的研究大多是通过专家调查来进行,并没有反映公众对于政府公正性的评价,因此局限性非常明显(Rothstein,2011),福山(Fukuyama,2013)也对公正性的定义进行了批评,他认为,政府是公正的,并不一定就具有较高的治理能力。

除了规范性方面,政府质量的程序性定义被广泛关注,程序性定义一般都会追溯到马克斯·韦伯对于国家理性化和官僚制(科层制)的研究(Fukuyama,2013),例如政府公务员的选拔、招聘和任用是否按照专业化和能力来确定,是否具有明确的规章制度,部门之间的职能分工是否清晰明确等等,虽然韦伯的官僚制仅仅是一种理想型,但是很多研究都将其作为标准来衡量政府质量。然而,尽管科层制与工业革命之前基于人身依附与裙带关系的政府组织相比,具有革命性意义,但是也可能会带来一系列的问题,如低效率、繁文缛节、缺乏灵活性等。因此,我们认为,程序性的政府定义,虽然排除了结果测量,并且与规范性测量进行了区分,但仍然需要配合其他维度的测量,才能真正体现政府质量的内在特质。

（三）能力与自主性定义

那么如何才能够更加有效地衡量政府的质量？福山（Fukuyama，2013）认为，最适合的政府质量测量定义至少应该是二维的，即包括了能力测量和官僚自主性测量两个维度。

为什么政府质量中政府能力与自主性的维度必不可少？因为政府要拥有较高的质量，如果缺乏相应的能力以及一定程度的自主性，是很难实现的。缺乏能力（尤其是资源获取和分配能力）的政府，即使有意愿为社会群体和个人提供高水平的公共服务也力不从心，而缺乏自主性，政府一切决策都必须通过政治机构来制定，成为被动地听取政党和政治家意见的执行工具，效率也必定低下，因此，能力和自主性应该是政府质量的核心指标（Fukuyama，2004）。

能力与自主性定义与近年来在政治学、社会学中复兴的"国家中心论"研究密切相关。斯考克波（Skocpol，1985）认为，任何国家都需要从社会汲取资源，并利用这些资源来建立和维持行政机构。她主张把重心放在国家的自主行为和利益上，放在国家本身执行政策的能力上，即采用国家自主性（state autonomy）和国家能力（state capacity）这两个核心概念来衡量政府质量。

与斯考克波类似，曼（Mann，1988）将国家权力两分为专断性权力（despotic power）与基础性权力（infrastructural power）。前者是指国家精英不需与社会群体进行协商即可实施的权力，即所谓的强制力。后者是指现代中央集权国家将其行政命令贯彻全境、协调社会生活的制度化能力。他认为国家治理的关键正是国家基础能力建设（Mann，2005）。

目前在经验研究中，最普遍使用的测量能力的指标是资源提取能力，往往通过政府征税指标，如征税比率（税率）进行衡量。征税比率可以通过税收占国内生产总值的比例来衡量。但是税收本身的含义是模糊的，较高的税率固然意味着政府汲取资源能力的提高，但同时也可以认为是政府对于经济和社会的压榨。福山建议，可以通过人口登记完成情况、政府公务员受教育水平与专业化程度来测量。他指出，宏观经济政策管理、基本的法律和秩序、初级和中级教育普及程度都可以作为政府能力测量的代理变量。

与能力测量相比，官僚机构自主性的测量（measures of bureaucratic autonomy）更加困难，目前并没有一个公认指标，因为自主性是政府内部运作的机制，包括上下级之间，各个部门之间，很难从外部观察到，所以政府质量的自主性测量仍然是一个有待研究的领域。

福山认为，自主性和政府质量之间的关系就像一个倒 U 形，U 形的一头代表着完全的从属地位，在这种情况下，官僚体系没有自由裁量权，失去了对人员招聘和提拔的控制权，人事安排完全是政治任命式的，即所谓庇护主义政治体系。另一头则代表着完全自主性。在这种情况下，国家治理也可能很糟糕，因为官僚体系摆脱了所有的政治控制，完全以自己的利益和偏好行事。他认为，自主性与能力之间的关系不一定是线性的，政府质量是能力和自主性之间互动的结果。自主性的多少究竟是好事还是坏事，要取决于官僚体系拥有多大的潜在能力。能力较高的政府应该增加自主性，而能力较低的政府应该降低自主性（Fukuyama，2013）。

基于以上政府质量定义的分析，在本文中，我们排除了绩效与结果定义，并将规范与程序定义、能力与自主性定义相结合，作为政府质量的维度，来分析政府质量高低对于武装冲突数量究竟有什么影响。

三、政府质量如何影响武装冲突

以往的研究，大多将武装冲突的原因集中在一些经济、宗教、种族、自然资源、气候变化等方面（Le Billon，2001；Humphreys，2005；Boix，2008；Miguel et al.，2004；Miguel and Satyanath，2011；Hendrix and Salehyan，2012；Dube and Vargas，2013）。虽然不能否认这些因素对武装冲突的影响，但是，其中很重要的政府质量因素却往往被研究者忽视，一个国家的低政府质量提高了武装冲突发生的概率（Floros，2009）。

很多研究关注到了政府在武装冲突或内战（civil war）中扮演的关键角色（Blattman and Miguel，2010），但相关研究更关注于政治体制类型，即民主与专制程度、内部权力分配等对冲突的影响（Azam，2001），以及微观冲突发展过程中，政府的具体策略，如政府为什么没有对叛乱（rebel）和骚乱（riots）进行及时反应并采取有效的镇压措施，各种解释变量包括多山的地理环境以及政府财政资源的短缺。

虽然很多研究关注到政府对于冲突的重要影响，但是在国家在武装冲突的根本性影响上缺乏系统和理论解释，大多将冲突一方如叛乱者（rebel groups）、反政府武装作为观察的对象，忽视了政府在冲突产生、发展、结束乃至于冲突和解中的重要作用。我们认为，政府质量对于武装冲突的影响，可能通过政府品质和政府能力两种途径来产生。当然,这两种途径的影响可能是复杂的,既可能相互促进也可能相互制约。而且政府品质和能力也会受到很多难以观察的因素的影响,因此这里的解释是初步和尝试性的。

(一)政府品质对武装冲突的影响

这种影响机制反映了政府质量的规范性与程序性。通常认为,民主政府对冲突本身具有包容性(Hegre, et al.,2001;Vreeland,2008),即通过将反叛者纳入民主体制下,为其提供各种参与政治决策和分享经济、社会资源的机会(Alesina and Easterly,1999),可以使与主流族群和政府对立的种族、宗教和地域群体放弃暴力反抗形式,而采取和平的、非暴力的方式实现自己的目的。与此对应,非民主的政治体制只能通过镇压公民社团、限制政治参与、控制言论来降低反叛群体的反抗意愿和动员能力。

腐败与公正性(impartiality)作为政府质量的规范性测量指标,对武装冲突的影响同样有一定作用,如果一个国家的政府是庇护性(patronage)的政府,即缺乏公正性,对社会成员采取区别对待,优先将资源与利益分配给与统治者有密切关系的群体,那么没有被公平对待的群体就会产生极大的不满和愤怒,如果通过体制内的途径,不能消除愤怒和实现利益诉求,那么很可能会采取武装冲突的方式(Nunnand Qian,2013)。

此外,腐败本身与公正性密切联系,很难想象一个腐败的政府是公正的,而且政府腐败也会导致公众的不满,降低对于政府的信任和支持度,为武装冲突营造了坚实的舆论和道义基础(Mikula and Wenzel,2000)。

(二)政府能力对武装冲突的影响

这种影响机制反映了政府质量中的能力与自主性方面。对于政府能力与武装冲突之间的关系,同样可以从几个方面来理解。首先,治理能力较高意味着公共服务和公共产品的有效提供,所有的公众包括边缘群体都可以从中获取利益(Wimmer, et al.,2009),维持基本的生活水平,安居乐业而不会铤而走险,从而降低反叛的意愿(Fjelde and de Soysa,2009;Sobek,2010;Thies,2010)。

此外,对于拥有高度治理能力和资源的政府,可以很容易在冲突开始时对反叛者进行镇压和安抚(Walter,2009),从而增加反叛的经济成本(武器和后勤保障)与人力成本(受伤或死亡)。能力较为低下、缺乏资源汲取能力的政府在反对力量面前处于劣势,更加刺激了反政府武装冲突的发生(Hendrix,2010)。

按照这种逻辑,具有强大武装力量和有效治理工具的政府,即使在政府品质上存在一定的缺陷,如不民主、腐败、缺乏公正性,面临武装冲突的风险也要小得多。如果具有较高治理能力和资源的政府,还具有良好的品质,那么武装冲突的风险就会大大降低。而且,政府的自主性较高,在控制武装冲突上也具有优势,例如在与控制和镇压武装冲突的时候,具有较高的灵活性和决策权,避免凡事都要通过立法、司法机构审查而带来的效率低下、相互推诿和问责问题(Regan and Norton,2005)。

另外一种解释是,如果政府具有强大的资源,那么也可以通过收买、贿赂或者安抚的方式,来获得反政府群体的领导者和精英(political entrepreneurs)的支持、服从或妥协,避免采取暴力的极端方式,这也是很多亚洲、非洲和南美洲国家统治者的现实选择(Urdal,2008;Fjelde,2009)。换句话说,如果某个国家的政府缺乏能力和资源,那么一方面难以镇压反叛力量,同时也缺乏妥协和协商的资本,这些都可能带来武装冲突的产生和升级(Herbst,2000)。

四、数据、变量和方法

(一) 数据

本文中使用的政府质量数据是宏观的国别面板数据(由国家—年份标识),由瑞典哥德堡大学政府质量研究所提供(Teorell et al.,2013),这些数据来自不同的研究文献和机构,涉及政治、经济、文化、地理、气候等多个领域,数据的覆盖时期从 1946 年到 2012 年。数据中的变量可分为三个大的类别,包括政府质量的来源(how to get it)、政府质量的界定(what it is)和政府质量的结果(what you get)[①]。

该数据集中的国家,被界定为联合国的现任成员和前任成员。按照这一标准,数据一共包括了 193 个国家(Teorell et al.,2013)。然而,国家数量并非

---

① 由于变量来自不同的机构和研究者,因此时间范围、国别数、类型和定义都有差异,很多变量所代表的概念具有相似性。本文在统计分析中实际使用变量的观察值仅仅是其中一部分。

是一成不变的,数据集采用以下原则来解决这一问题:如果两个国家合并后,新国家被认为是一个新的个案(case),如越南(1976)、也门(1990)、德国(1990)等;如果一个国家分裂后产生了新国家,同样被视为新的个案,如巴基斯坦和孟加拉国(1971),苏联的 15 个加盟共和国(1991),捷克和斯洛伐克(1993)等①。数据集中的国家,基本上涵盖了当前和曾经存在的绝大多数国家,对世界各国具有广泛的代表性。尽管国家的数量变动可能会影响研究结果,但是这种事件发生数量很少(约为 11 次),因此可预期这种影响是比较轻微的。

(二) 变量

表 1 呈现了研究涉及变量的操作化与来源。其中,武装冲突变量是本研究的结果变量(因变量),政府质量是解释变量(自变量),GDP 增长率、制度化民主、族群分化、语言分化、宗教分化是控制变量(协变量),学校性别比与政府预算平衡是工具变量。

表 1 变量操作化与数据来源

变量	变量操作化	数据来源
武装冲突数量	政府参与的冲突的数量,≥ 0	UCDP/PRIO
政府质量	腐败程度、法律与秩序和官僚机构质量的平均值,$0\sim1$	ICRG-PRS
GDP 增长率	人均国内生产总值的年增长率,$n\%$	World Bank
制度化民主	政治参与竞争性、官员招聘竞争性,高级官员限制,$0\sim10$	Polity IV
族群分化	随机选择两个人不具有相同族群特征的概率,$0\sim1$	QoG
语言分化	随机选择两个人不属于相同语言群体的概率,$0\sim1$	QoG
宗教分化	随机选择两个人不属于相同宗教群体的概率,$0\sim1$	QoG

① 具体的国家名称和代码可参见 QoG 标准数据集编码簿(The Qog Standard Dataset Codebook)的附录 B。

（续表）

变量	变量操作化	数据来源
学校性别比	中小学女性与男性毛入学率之比，＝1 或≠1	World Bank
政府预算平衡	政府预算的现金赤字（负）或盈余（正），GDP 的 $n\%$	World Bank

数据来源：瑞典哥德堡大学政府质量数据库

本研究的因变量为武装冲突变量。政府质量数据库的冲突变量，来自 UCDP/PRIO 数据[①]，由瑞典乌普萨拉大学冲突数据项目（Uppsala Conflict Data Program）和挪威奥斯陆和平研究所（Peace Research Institute Oslo）提供，该数据也是目前国际上内战与冲突研究中使用最广泛的数据。冲突变量在本文使用的数据中是计数变量（count variable），即在某一特定国家和特定年份，发生涉及该国政府（government of the country is involved）武装冲突的数量（number of conflicts）。

在数据中对于武装冲突规模的分类为：小型冲突（minor armed conflict）为冲突持续期间每年死亡人数最少达到 25 人的冲突。中型冲突（intermediate armed conflict）为冲突期间总共死亡人数达到 1 000 人，但每年死亡人数介于 25 人到 1 000 人的冲突。战争（war），即每年死亡人数超过 1 000 人的冲突。

本研究的自变量是政府质量。数据中的政府质量变量来自国际著名评估机构——政治风险服务集团 PRS（Political Risk Services）提供的 ICRG（International Country Risk Guide）数据，采用 3 个维度指标的平均值（取值范围 0 到 1，值越接近于 1 表示政府质量越高）作为政府质量的测量[②]，3 个维度是腐败程度、法律与秩序（law and order）以及官僚机构质量（bureaucracy quality）。

腐败作为政府质量的维度之一，对应于规范性的方面，在于测量政府腐败的程度（原始取值范围 0 到 6），尤其是腐败体现的庇护主义（patronage）、裙带关系（nepotism）、任人唯亲（job reservations）以及政商勾结等。因为腐败会导致各种经济和社会后果，如黑市盛行、丑闻曝光，引起公众的不满和愤怒，最

---

① 数据版本为 Armed Conflict Dataset Version 3-2005，参见 QoG 标准数据集编码簿。
② 数据中的政府质量变量经过了标准化（normalizaiton）处理，以解决三个指标取值范围不同的问题。

终带来社会的不稳定和冲突(Fearon,2010)。

法律与秩序作为政府质量另外一个维度,既有规范性也有能力方面的测量,法律与秩序两个方面在 ICRG 数据中是单独测量的,分别赋值 0 到 3(加起来为 0 到 6),法律指标在于测量法律机关的力量和公正性(strength and impartiality),而秩序指标在于测量公众对于法律的实际感观(observance of the law)。因此,一个国家可能因为完善的司法体系在法律指标中得分较高,但由于缺乏有效的执法能力和高犯罪率而在秩序指标得分较低。

官僚机构质量指标(取值范围 0 到 4)对应于能力与自主性定义,在于测量政府换届中对政策改变的稳定能力,即能否维持公共服务的质量和水平[①],一个较高官僚机构质量的国家,其行政部门有力量和专业性(expertise)在政治变迁过程中实现有效治理,以保持政策的稳定以及政府服务的连续性。因此,官僚机构治理指标实际上体现了行政在政治压力下的自主性(autonomous from political pressure),如自主进行人员的招聘和培训。

本研究的控制变量,包括 GDP 的增长率、制度化民主程度(institutionalized democracy)、族群分化程度(ethnic fractionalization)、语言分化程度(linguistic fractionalization)、宗教分化程度(religious fractionalization)。

GDP 增长率变量是为了控制经济发展对武装冲突的影响。GDP 增长率体现了一个国家经济发展趋势,在本文中,没有采用 GDP 绝对值而采用增长率这种相对值,其目的在于测量经济发展速度对于武装冲突的影响,很多研究发现,经济增长过程中的震荡和冲击对于冲突发生的影响,要超过经济发展存量,即现有经济水平总量的影响(Rodrik,1999)。

为了控制民主对于武装冲突的影响,同样将制度化民主作为控制变量纳入分析当中。取值范围从 0 到 10,该变量是一个综合指标,包括了政治参与、官员产生的竞争性以及对官员的制度化限制等二级指标。该变量的值越高,说明一个国家民主的制度化水平越高,即拥有更加规范和稳定的民主体制。

此外,由于族群、语言和宗教因素几乎是所有冲突研究中都考虑的重要变量(Fearon and Laitin,2003),因此也将其纳入分析作为控制变量。族群分化程度变量,体现了种族多样性和语言多样性的双重特征,因为不同种族的语言可能是一样的,因此需要考虑到二者的交互项。语言分化程度变量,则是对于

---

① 这种对于官僚机构质量的测量,其隐含的假设是在一个国家中,政治与行政是相对独立的,政治领导人和政党的变迁并不影响公务员的能力和专业化水平,即所谓的"行政吸纳政治"。

一个国家语言多样性的测量,其操作化为同一个国家任意给定的两个人说不同语言的概率;宗教分化程度,作为衡量宗教多样性的变量其界定与语言多样性一致,即同一个国家任意两个人信仰不同宗教的概率。这几个变量的值越高,意味着这个国家的族群、语言、宗教越多元化。

为了解决政府质量与武装冲突可能存在的内生性问题(endogenous),我们还使用了两个工具变量,包括学校性别比(gender ratio in school)以及政府预算赤字/盈余(government budget deficit/surplus)。学校性别比是指中小学(primary and secondary)教育中的性别比。即小学和中学女性毛入学率与男性毛入学率的比率。等于1的数值表示女性和男性之间均等。一个小于1的数值表示有利于男性的差距,大于1的数值表示有利于女性的差距。政府预算赤字/盈余是衡量政府财政管理能力(预算平衡能力)的指标。这里现金赤字或盈余是收入(包括赠款)减去支出,再减去非金融资产的净购置。这种赤字或盈余接近早期的总体预算平衡,并基于GDP的百分比来测量。

(三) 方法

为了验证政府质量高低会影响武装冲突数量这一核心观点,在描述性统计的基础上,未加入任何控制变量之前,我们对政府质量与武装冲突的双变量关系进行了分析。然而,双变量关系的结果可能会受到其他混淆变量的影响,从而失去统计显著性,因此,研究还将进行加入控制变量条件下的OLS(最小二乘法)回归分析。

为了处理面板数据OLS回归中存在的异方差和自相关问题,面板数据误差修正模型PCSE(Panel Corrected Standard Errors)被广泛用于大 n 和小 t 的面板数据模型估计。在现有实证研究中,尤其是在估计国家和地区类型的面板数据时被大量使用,以处理复杂的面板误差结构。因此,本文在OLS的估计结果上,对回归系数的标准误差进行了异方差与自相关修正,获得更加可靠的回归系数估计值。

进一步,因为研究的因变量武装冲突是一个计数变量,使用普通的回归分析可能在拟合程度上有差异,存在较大的误差,为了更好地拟合数据,我们还采用了专门用来分析计数变量的面板数据回归方法,包括泊松(Poisson)回归模型、负二项(Negative Binomial)回归模型,以及更具有针对性的零膨胀负二项(ZINB: Zero Inflated Negative Binomial)模型。这里之所以使用零膨胀负二项模型来分析,是因为如果研究的计数变量(count variable)含有大量零值,即许多观察对象在观察时间范围内没有发生相应的随机事件,那么这种特殊的离散(discrete)和受限因变量(limited dependent variable)数据,会超出泊松与负二项模型等一般计数模型的预测能力(王存同,2010),这类现象也被称为计数资料的零膨胀(zero-inflated)。武装冲突变量同样具有零膨胀和负二项过离散的特点,因为对于大多数国家来说,相当长的一段时期都没有发生冲突,而大量冲突又集中在少数一些国家,因此有必要采用该模型。

最后,为了解决 OLS 回归和计数变量回归中可能存在的内生性,即测量误差与遗漏解释变量问题,获得政府质量的因果效应,我们还使用了工具变量回归方法(2SLS),来验证政府质量与武装冲突之间的因果关系。工具变量方法是因果推断的一种常用方法,在这种回归模型中,假定工具变量 Z 导致了内生自变量 X 的变化,即 Z 与自变量 X 显著相关;同时,Z 并不会受到误差项的影响,即与因变量 Y 无关。换句话说,在本研究背景下,性别比与政府预算平衡两个工具变量,只能通过政府质量来影响武装冲突,而不能直接影响武装冲突(Angristand Pischke,2009)。

五、结果

为了检验政府质量与武装冲突的统计关系,我们首先对变量进行描述性统计,具体结果可以参见表2。

表 2　变量的描述性统计

变量	观测数量	均值	标准差	最小值	最大值
武装冲突数量	7 771	0.324025	0.761366	0	8
政府质量	3 827	0.548108	0.224467	0.041667	1
GDP 增长率	7 140	2.05112	6.012271	−50.2904	92.58597
制度化民主	8 594	0.444845	17.44665	0	10
族群分化	9 476	0.437267	0.260306	0	0.930175
语言分化	9 076	0.379719	0.287012	0.002113	0.92268
宗教分化	9 533	0.41791	0.236168	0.002286	0.86026
学校性别比	4 406	91.18971	17.17364	0	146.825

（续表）

变量	观测数量	均值	标准差	最小值	最大值
政府预算平衡	1 747	−1.67702	7.091618	−202.697	40.4341

数据来源：瑞典哥德堡大学政府质量数据库

在此基础上，本文对政府质量和武装冲突发生概率之间的关系进行了分析，如图2所示，可以发现政府质量与武装冲突之间具有明显的线性负相关，即政府质量越高的国家，发生武装冲突的概率会明显降低。而政府质量越低的国家，发生武装冲突的概率明显上升。

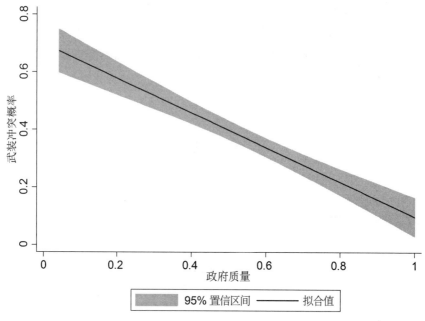

图2 政府质量对武装冲突的预测概率

数据来源：瑞典哥德堡大学政府质量数据库

除了双变量关系，为了控制其他变量的影响，接下来我们进行了面板数据的 OLS 分析，从表3的回归模型中可以发现，无论是在基准模型(1)，还是嵌套模型(2)和模型(3)中，政府质量与武装冲突变量之间，呈现统计显著的负向关系，进一步验证了描述性统计中的初步结论，高质量的政府可以降低冲突发生的概率。

此外,GDP增长率与武装冲突之间也呈现了显著但不大的负向关系,即GDP增长率越高,武装冲突发生概率就会降低,说明经济发展速度的确会影响一个国家的冲突。反过来说,如果经济发展速度出现了问题,影响到民众和相关群体的利益,那么冲突发生数量就会明显上升。

制度化民主变量与冲突之间没有显著性统计关系。这种结果可能意味着,民主对冲突的影响是复杂的,可能促进冲突的增加,如允许更多的自由表达反而可能激化群体之间的矛盾,促使冲突数量更多。也可能导致冲突的降低,即通过民主的参与,平衡和协调不同利益关系,降低了冲突的可能性。

在模型(3)中,我们发现,族群分化程度与武装冲突呈现显著的负向关系,即族群分化程度越高,武装冲突发生的可能性越小,这种发现与之前的研究不尽一致。我们猜想,可能是因为如果一个国家族群数量越多,那么能够占据主导地位的族群反而有所下降,即众多实力相对均衡的小规模族群,比少数几个具有较大对抗能力的族群更能够维持权力均势,反而有利于抑制冲突。

表3 OLS与PCSE回归分析

	模型(1) 面板数据 OLS回归	模型(2) 面板数据 OLS回归	模型(3) 面板数据 OLS回归	模型(4) 面板数据 PCSE回归
政府质量	−0.743***	−0.793***	−0.778***	−0.457**
	(−7.66)	(−7.49)	(−7.16)	(−2.60)
GDP增长率		−0.00581**	−0.00607**	−0.00144
		(−2.95)	(−3.06)	(−0.58)
制度民主		−0.000148	−0.000297	0.00101
		(−0.18)	(−0.34)	(0.87)
族群分化			−0.898**	−0.803***
			(−2.93)	(−24.35)
语言分化			1.027***	1.097***
			(3.77)	(48.13)

(续表)

	模型(1)面板数据 OLS 回归	模型(2)面板数据 OLS 回归	模型(3)面板数据 OLS 回归	模型(4)面板数据 PCSE 回归
宗教分化			-0.421	$-0.470***$
			(-1.67)	(-12.16)
常数项	$0.776***$	$0.818***$	$0.998***$	$0.770***$
	(10.19)	(9.87)	(6.22)	(9.15)
N	2 714	2 415	2 339	2 339

$* p < 0.05$, $** p < 0.01$, $*** p < 0.001$

令人感到意外的是,语言分化与武装冲突有显著的正相关,即语言分化程度越高,则冲突的可能性越高,一种可能的解释是:语言可能比族群变量更能够说明社会的分裂程度,因为某些族群虽然在身份上有明显差异,但语言差异较小或者说同一种语言,相互的认同感较高,关系可能比较和谐。语言分化程度越高,说明社会的分裂程度越高,交流与沟通困难,进而导致武装冲突的频率增加。此外,宗教分化回归系数的符号为负,即宗教多元化可能会降低冲突数量,但这一系数在统计上并不显著。

PCSE 模型的回归结果参见模型(4)。与基准 OLS 回归模型(1)到(3)相比,模型(4)得到了基本一致的结论,再次证明了基准回归结果的稳健性[①],不过在模型(4)中,尽管系数方向一致,但 GDP 增长率的影响变得不显著,而宗教分化的影响却变得显著了。

与计数变量相关的三种回归模型泊松回归模型、负二项回归模型以及零膨胀负二项模型的分析结果见表4。

---

① 为了检验回归结果的稳健性,我们还将结果变量和解释变量的滞后项放入回归分析中,发现与无滞后项没有显著的差异。出于篇幅的考虑,这里没有报告相关的回归系数。

表 4　计数变量回归分析

	模型(1) 泊松回归	模型(2) 负二项回归	模型(3) 零膨胀负二项回归
政府质量	−1.649***	−1.179***	−1.045***
	(−5.10)	(0.210)	(−4.59)
GDP 增长率	−0.0130*	−0.00204	−0.00233
	(−2.05)	(0.00568)	(−0.35)
制度民主	0.000180	0.000643	−0.00115
	(0.08)	(0.00188)	(−0.45)
族群分化	−1.971**	−2.047***	−2.952***
	(−3.01)	(0.256)	(−10.09)
语言分化	2.325***	2.811***	2.843***
	(4.31)	(0.239)	(13.96)
宗教分化	−0.840	−1.230***	−1.212***
	(−1.58)	(0.195)	(−6.37)
常数项	0.0879	−0.206	0.303
	(0.23)	(0.174)	(1.55)
N	2 339	2 339	2 339

* $p < 0.05$, ** $p < 0.01$, *** $p < 0.001$

从表 4 中可以发现,模型(1)泊松模型的回归结果与 OLS 回归模型(3)基本一致,除了显著性水平和系数存在差异,尤其是政府质量的系数变大。在模型(2)负二项模型和模型(3)零膨胀泊松模型中,政府质量的系数也较大,其他变量结果与 PCSE 回归结果相似。

目前为止,各种回归结果均验证了本文的核心观点,即政府质量与武装冲突呈现负向的关系,高质量的政府可以有效地降低武装冲突的概率,但是,众所周知,这种关系可能存在内生性问题。

内生性问题首先来源于双向因果。高质量的政府固然可以通过各种手段降低冲突风险,即提高政府质量会导致武装冲突数量降低,或者降低政府质量导致冲突数量提高,但是,冲突也可能反过来影响政府质量。很多国家的历史经验证明,长期冲突会导致国家经济、社会的崩溃,以及大量人力资本损失,所以冲突也会导致政府质量降低。除了双向因果以外,内生性还可能来源于测量误差以及遗漏变量等方面。

为了解决内生性问题,研究使用了两个工具变量:学校性别比和政府预算赤字/盈余。按照统计学与计量经济学的规范,工具变量需要符合两个条件:相关性(工具变量与内生解释变量相关)和外生性(工具变量独立于误差项)。

从经验与逻辑来看,政府质量与这两个工具变量之间有较强的相关性。首先,学校性别比越高(≥1),即女生入学率高于或等于男生入学率,说明该国性别平等程度越高,反映政府在消除重男轻女的传统、实现社会公正方面的能力越强,即政府质量越高。而且女生入学率的提高,意味着有更多高素质的女性公务员,有利于政府人力资本的增加,也会提高政府质量。

其次,政府预算赤字/盈余变量反映政府预算平衡的能力,变量的取值为正,说明政府预算有盈余,变量的取值为负,说明政府预算存在赤字。在其他条件不变的情况下,赤字说明政府财政与税收能力不足,即预算平衡能力较低,盈余说明政府的财政和税收能力充分,即预算平衡能力较强,政府质量较高。

在外生性方面,武装冲突与学校性别比和政府赤字/盈余这两个工具变量之间没有明显相关性。学校性别比的提高与降低,反映的是男女教育平等程度的变化,从逻辑和经验来看,一个国家不大可能因为女性受教育程度的提高而发生冲突。反过来也是如此,即使长期的冲突破坏了学校,也是对总体入学率的影响而不是性别比的影响。

同样的,武装冲突与政府赤字/盈余也缺乏相关性,即政府预算赤字/盈余的变化,不大可能会影响武装冲突的数量。反过来,即使武装冲突可能导致政府预算整体规模的扩大,即军费开支的增加,但也不太可能影响到政府预算平衡的能力。总之,这两个工具变量只能通过政府质量来影响武装冲突,而不能直接影响武装冲突,满足了工具变量的相关性与外生性要求。

除了定性分析工具变量的合理性,研究还进行了工具变量的定量检验。一般来说,如果工具变量数量大于内生变量,则可以使用过度识别检验来检测工具变量是否外生。由于本研究采用了两个工具变量(学校性别比与预算赤字/盈余),数量大于单一的解释变量(政府质量),这里需要进行过度识别检验。

此外,当工具变量和内生变量有较强的相关关系时,2SLS 回归估计值为实际参数的一致估计量。但是当工具变量和内生变量弱相关时,2SLS 的估计值会偏向于 OLS 估计值,所以还要进行弱工具变量检验。表 5 中的过度识别检验、弱工具变量检验结果,都证实了工具变量选择的合理性。

在混合截面数据工具变量模型(1)和模型(2)中,两种 F 统计量均明显大于 10,说明这两个变量并不是弱工具变量;而且过度识别问题的检验统计量均不显著,即两个工具变量是外生的,尽管在面板数据工具变量模型(3)和(4)中,F 统计量略微低于 10,但是仍然在可接受的范围之内,并且过度识别检验仍然不显著(陈强,2014)。

工具变量回归结果见表 5[①],我们发现,在进行工具变量回归后,政府质量仍然与武装冲突呈现显著的负向关系,而且回归系数明显更大,说明 OLS 回归低估了政府质量对冲突的影响程度。工具变量回归除了验证因果效应以外,还导致效应量的提高。

表 5　工具变量回归分析

	模型(1) 混合截面数据 工具变量回归	模型(2) 混合截面数据 工具变量回归	模型(3) 面板数据 工具变量回归	模型(4) 面板数据 工具变量回归
政府质量	−4.230***	−9.689***	−6.216*	−4.821*
	(1.010)	(2.506)	(2.879)	(2.158)
GDP 增长率		−0.0262		−0.00835
		(0.0208)		(0.00862)
制度民主		0.0503***		0.0175*
		(0.0153)		(0.00751)
族群分化		−4.841***		
		(1.134)		
语言分化		1.656**		
		(0.591)		
宗教分化		1.653**		
		(0.626)		

① 为了更方便地获得弱工具变量检验和过度识别检验的结果,模型(1)和模型(2)的面板数据工具变量回归使用 STATA 非官方命令 xtivreg2,模型(3)和模型(4)的混合截面数据工具变量回归使用 STATA 非官方命令 ivreg2。

（续表）

	模型(1) 混合截面数据 工具变量回归	模型(2) 混合截面数据 工具变量回归	模型(3) 面板数据 工具变量回归	模型(4) 面板数据 工具变量回归
常数项	3.124***	7.005***		
	(0.672)	(1.710)		
Cragg-Donald Wald F 统计量	61.001	13.054	7.200	9.185
Kleibergen-Paap rk Wald F 统计量	79.938	20.058	5.991	9.056
Hansen J 统计量	1.554	0.574	0.316	0.015
Chi-sq(1) p 值	0.2125	0.4489	0.5741	0.9032
N	659	623	650	615

注：括号中是稳健的标准误差，* $p < 0.05$，** $p < 0.01$，*** $p < 0.001$

与 OLS 回归结果相比，GDP 增长率变量不再具有显著性，即经济发展速度因素对冲突发生数量不再有影响。此外，制度化民主与武装冲突出现了微弱的正向关系，即制度化的民主程度越高，则冲突发生数量越高。一种可能的解释是：民主制度可能为冲突提供了机会结构，因为严密的权力控制有利于将冲突压制下去，或者说，民主与冲突之间的关系具有不确定性和多样性，这种现象有必要结合其他数据进行深入分析。宗教分化变量的结果与 OLS 回归结果也不尽一致，宗教分化与武装冲突呈现显著的正相关。

六、结论

基于跨国面板数据和工具变量等统计方法，本研究发现：政府质量对武装冲突有着显著的负面影响，即高政府质量会导致低武装冲突数量，低政府质量导致高武装冲突数量。

研究结果具有一定的学术意义。在概念方面，通过比较政府质量的三种定义，即绩效与结果、规范与程序以及能力与自主性，本文提出，政府质量概念应当整合后面两种定义，即政府质量不仅要体现政府治理的品质（规范与程序),也要体现其治理能力的特征(能力与自主性)。这种政府质量概念界定,为国家治理能力和治理水平研究提供了一种新的分析思路。在理论方面,研究为武装冲突的产生,提供了一种新的理论解释,即政府品质和政府能力出现问题会导致武装冲突产生,为冲突解决和预防提供了新的研究路径。在实证方面,研究通过工具变量等多种方法,验证了政府质量对武装冲突的因果效应,给进一步的研究提供了可靠的经验证据。

当然,研究仍然存在一些不足之处,有待进一步深入和拓展。首先,由于数据来自现有数据库,因此变量操作化与理论概念之间存在一定差异。进一步的研究需要通过更加精细地收集数据来解决这一问题。其次,武装冲突只是社会冲突的一种极端类型,而在社会冲突中的人际、群体冲突中,政府质量起到了什么样的作用,有待理论与实证分析。再次,本文只验证了整体意义上的政府质量会影响武装冲突,而政府品质与政府能力直接影响武装冲突的因果机制,还没有进行精细化的检验,进一步的研究,可以采用自然实验方法,如回归间断设计等,来获得更加有洞察力的理论模型。

参考文献

陈德球,李思飞,钟昀珈,2012.政府质量、投资与资本配置效率[J].世界经济,35(03):89 - 110.

陈刚,李树,2012.政府如何能够让人幸福? ——政府质量影响居民幸福感的实证研究[J],管理世界(08):55 - 67.

陈强,2014.高级计量经济学及 Stata 应用[M].第二版.北京:高等教育出版社.

何俊志,强舸,2011.民主程度与政府质量:文献回顾与评论[J].国外社会科学(04):14 - 20.

郇雷,2012.民主政体与收入水平、政府质量:相互关系的分析[J].教学与研究(02):88 - 94.

吕维霞,陈晔,黄晶,2009.公众感知行政服务质量模型与评价研究——跨地区、跨公众群体的比较研究[J].南开管理评论,12(04):143 - 151.

王存同,2010.零膨胀模型在社会科学实证研究中的应用——以中国人工流产影响因素的分析为例[J].社会学研究,25(05):130 - 148.

臧雷振,2012.治理定量研究:理论演进及反思——以世界治理指数(WGI)为例[J].国外社会科学(04):11 - 16.

臧雷振,徐湘林.2013.政府质量:国家治理结构性指标研究的兴起[J].公共行政评论,6(05):109 - 133.

ADSERA A, BOIX C, PAYNE M, 2003. Are you being served? Political accountability and quality of government[J]. Journal of Law, Economics, and organization, 19(2): 445 – 490.

AGNAFORS M, 2013. Quality of government: toward a more complex definition[J]. American Political Science Review, 107(3): 433 – 445.

ALESINA A, BAQIR, EASTERLY R W, 1999. Public goods and ethnic divisions[J]. Quarterly Journal of Economics, 114(4): 1243 – 1284.

ANDREWS, M. 2010. Good government means different things in different countries[J]. Governance, 23 (1):7 – 35.

ANGRIST J, PISCHKE J, 2009. Mostly harmless econometrics: an empiricist's companion[M]. Princeton: Princeton University Press.

AZAM J, 2001. The redistributive state and conflicts in Africa[J]. Journal of Peace Research, 38(4): 429 – 444.

BLATTMAN C, MIGUEL E, 2010. Civil war[J]. Journal of Economic Literature, 48 (1): 3 – 57.

BOIX C, 2008. Economic roots of civil wars and revolutions in the contemporary world [J]. World Politics, 60(3): 390 – 437.

DUBE O, JUAN F, 2013. Commodity price shocks and civil conflict: evidence from colombia[J]. Review of Economic Studies, (4):1384 – 1421.

FEARON J, DAVID D, 2003. Ethnicity, insurgency, and civil war[J]. American Political Science Review, 97(1), 75 – 90.

FEARON J. 2010. Do governance indicators predict anything? the case of 'fragile states' and Civil War[Z]. Draft paper for the Annual Bank Conference on Development Economics.

FJELDE H, 2009. Sins of omission and commission: the quality of government and civil conflict[D]. PhD thesis, Department of Peace and Conflict Research, Uppsala: Uppsala University.

FJELDE H, DE SOYSA I, 2009. Coercion, co-optation, or cooperation? state capacity and the risk of Civil War, 1961—2004[J]. Conflict Management and Peace Science, 26 (1): 5 – 25.

FLOROSK, 2009. Bringing back the state: the role of government in civil conflict[J]. International Studies Review, 11(4):795 – 798.

FUKUYAMA F, 2004. State-building: governance and world order in the 21st century [M]. Ithaca: Cornell University Press.

HARBOM L, PETER W, 2009. Armed conflicts, 1946—2008[J]. Journal of Peace

Research，46(4)：577 - 587.

HEGRE H，2014，Democracy and Armed Conflict[J]. Journal of Peace Research，51(2)：159 - 172.

HEGRE H，ELLINGSEN T，GATES S，GLEDITSCH N，2001. Toward a democratic civil peace? democracy，political change，and civil war，1816—1992[J]. American Political Science Review，95(1)：33 - 48.

HELLIWELL J，HUANG H，2008. How's your government? international evidence linking good government and well-being[J]. British Journal of Political Science，38：595 - 619.

HENDRIX C，2010. Measuring state capacity：theoretical and empirical implications for the study of civil conflict[J]. Journal of Peace Research，47(3)：273 - 285.

HENDRIX C，SALEHYAN I，2012. Climate change，rainfall，and social conflict in Africa[J]. Journal of Peace Research，49(1) 35 - 50.

HERBST J，2000. States and power in africa：comparative lessons in authority and control [M]. Princeton，NJ：Princeton University Press.

HUMPHREYS M，2005. Natural resources，conflict，and conflict resolution：uncovering the mechanisms[J]. Journal of Conflict Resolution，49(4)：508 - 537.

HUNTINGTON S，1991. The third wave：democratization in the late twentieth century. Norman[M]. OK：University of Oklahoma Press.

KAUFMANN D，KRAAY A，ZOIDO-LOBATÓN P，1999. Governance matters. policy research working paper 2196[M]. Washington，DC：World Bank Institute.

KNACK S，2002. Social capital and the quality of government：evidence from the states [J]. American Journal of Political Science，46(4)，772 - 785.

LE BILLON P，2001. The political ecology of war：natural resources and armed conflicts [J]. Political Geography，20(5)：561 - 584.

MANN M，1988. States，war，and capitalism：studies in political sociology[M]. Oxford：Blackwell Publishers.

MANN M，2005. The dark side of democracy. explaining ethnic cleansing[M]. New York：Cambridge University Press.

MIGUEL E，SATYANATH S，SERGENTI E，2004. Economic shocks and civil conflict：an instrumental variables approach[J]. Journal of Political Economy，112(4)：725 - 753.

MIGUEL E，SATYANATH S，2011. Re-examining economic shocks and civil conflict[J]. American Economic Journal：Applied Economics，3(4)：228 - 232.

MIKULA G，WENZEL M，2000. Justice and social conflict[J]. International Journal of Psychology，35(2).

NUNN N, QIAN N, 2013. US food aid and civil conflict[J]. American Economic Review: Papers and Proceedings, 103(3): 86 – 92.

OBERSCHALL A, 1978. Theories of social conflict[J]. Annual review of sociology, 4: 291 – 315.

PUTNAM R, 1993. Making democracy work: civic traditions in modern Italy[M]. Princeton: Princeton University Press.

PUTNAM R, 2000. Bowling alone: the collapse and revival of american community[M]. New York: Simon and Schuster.

PUTNAM R, 2002. Democracy in Flux: social capital in contemporary societies[M]. New York: Oxford University Press.

REGAN P, NORTON D, 2005. Greed, grievance, and mobilization in civil wars[J]. Journal of Conflict Resolution, 49(3): 319 – 336.

RODRIK D, 1999. Where did all the growth go? external shocks, social conflict, and growth collapses[J]. Journal of Economic Growth, 4(4): 385 – 412.

ROTHSTEIN B, 2003. Social capital, economic growth and quality of government: the causal mechanism[J]. New Political Economy, 8(1), 49 – 71.

ROTHSTEIN B, 2011. The quality of government: corruption, social trust, and inequality in international perspective[M]. Chicago, IL: The University of Chicago Press.

ROTHSTEIN B, TEORELL J, 2008. What is quality of government? a theory of impartial government institutions[J]. Governance, 21(2), 165 – 190.

ROTHSTEIN, B. 2009. Creating political legitimacy electoral democracy versus quality of government[J]. American Behavioral Scientist, 53(3), 311 – 330.

SAMBANIS N, 2004. what is civil war? conceptual and empirical complexities of an operational definition[J]. Journal of conflict resolution.48 (6), 814 – 858.

SKOCPOL T, 1985. Bringing the state back in: strategies for analysis in current research [M]//EVANS P, RUESCHEMEYER D, SKOCPOL Teds, Bringing the State Back In. Cambridge: Cambridge University Press.

SOBEK, D. 2010. Masters of their domains: The role of state capacity in civil wars[J]. Journal of Peace Research, 47(3), 267 – 271.

TEORELL J, CHARRON N, DAHLBERG S, et al, 2013. The quality of government dataset, version 20 Dec13[J]. University of Gothenburg: The Quality of Government Institute, http://www.qog.pol.gu.se.

THIES C, 2010. Of rulers, rebels, and revenue: state capacity, civil war onset, and primary commodities[J]. Journal of Peace Research, 47(3): 321 – 332.

URDAL H, 2008. Population, resources, and violent conflict: a sub-national study of

India 1956 – 2002[J]. Journal of Conflict Resolution. 52(4): 590 – 617.

USLANER E, 2008. Corruption, inequality, and the rule of law: the bulging pocket makes the easy life[M]. Cambridge: Cambridge University Press.

VREELAND J, 2008. The effect of political regime on civil war[J]. Journal of Conflict Resolution, 52(3): 401 – 425.

WALTER B, 2009. Bargaining failure and civil war[J]. Annual Review of Political Science, 12: 243 – 261.

WARREN M, 2004. What does corruption mean in a democracy? [J]. American Journal of Political Science 48 (2), 328 – 343.

WIMMER A, CEDERMAN L, MIN B, 2009. Ethnic politics and armed conflict: a configurational analysis of a new global data set[J]. American Sociological Review, 74 (2): 316 – 337.

Has High Government Quality Reduced Armed Conflicts?
The Cross-Country Panel Data Analysis

Wang Siqi

Abstract: Quality of Government (QoG) is a measure of one country's level and ability of governance. The quality of government is important for the emergence, development, and resolution of armed conflicts, yet empirical evidence is still lacking. The relationship between the level of government quality and the number of armed conflicts is empirically tested and causally inferred based on the cross-country panel data from The Quality of Government Dataset at the University of Gothenburg, Sweden and instrumental variables: gender ratio in school and government budget deficit/surplus. High-quality governments are found to reduce the probability of serious conflicts, while low-quality governments tend to bring about civil wars and unrest. Therefore, it is necessary to promote the governance quality and government capacity in order to resolve various conflicts and wars in the current global context.

Key words: quality of government; armed conflicts; instrumental variables

身份获取与资源拼凑：
社会投资进入养老服务市场的策略分析

张慧敏　章晓懿*

摘　要：社会投资如何有效参与养老服务市场是备受关注的重要议题。文章通过对一家养老服务组织发展史的观察，揭示了社会投资以"工商企业＋民办非企业单位(简称'民非')"双重组织身份参与养老服务市场的动因与行为逻辑。研究发现，注册民非身份是为了拼凑政府资源、获取组织外部声誉和规模性用户，从而克服组织新生困境；注册工商身份则是为了拼凑产权、融资、分支机构设置等市场资源，从而增强组织发展能力。双重身份下的资源拼凑实践让社会投资在养老服务市场中拥有了灵活性与权变性，为它们带来了更多的发展资源和空间。但也使得组织在性质与产权结构上存在模糊性与冲突性，使组织在进一步发展过程中面临政府与市场的双向掣肘。研究建议，政府政策应改革养老服务市场中现有的身份制度，探索养老服务市场主体的社会企业发展道路。通过理清养老服务市场中营利与非营利、公益与投资的边界，形成政府、社会组织和企业三部门的良性互动与有效合作，促进中国养老服务市场的可持续发展。

关键词：社会投资；养老服务市场；资源拼凑；"双重身份"

---

*　张慧敏(1994—)，女，上海交通大学国际与公共事务学院博士研究生，研究方向为老年服务、长期照护、社会救助，Email：zhanghuimin@sjtu.edu.cn。章晓懿(1963—)，女，博士，上海交通大学国际与公共事务学院教授，研究方向为老年服务、长期照护、社会救助，Email：xyzhang@sjtu.edu.cn。

一、问题的提出

如何推进社会投资有效参与养老服务供给，是各国养老服务市场化改革过程中面临的重要议题。人口快速老龄化对我国养老服务产业建设提出重大挑战，"谁来提供养老服务"是单位制改革以来面临的重要社会问题（辜胜阻、方浪、曹冬梅，2015）。以北京、上海为代表的大城市老龄化程度更为严重，地方公共服务建设很大一部分向"为老"倾斜。但以政府作为单一的供给主体来增加服务供给总量并非长久根本之策，关键是对养老供给侧的结构进行调整。近年来，国家出台鼓励社会投资进入养老领域的系列政策，如：放开养老机构设立资格、推进行业标准和市场规范建设积极引导社会投资进入养老服务业并扶持发展龙头企业等政策①。这些政策文件要求充分发挥政府"保基本"的作用，通过简政放权创新体制和机制，激发社会活力，逐步使社会力量成为发展养老服务业的主体（朱浩，2017）。

庞大的老年人口基数，加之老年人经济状况改善日益提出多样化需求，决定了"夕阳"（老年）服务在中国正成为"朝阳"产业。笔者观察到一个奇特的现象：一方面社会投资确实在不断涌入养老领域；另一方面，他们"改头换面"，增加民办非企业单位（简称"民非"）的组织身份来开展养老服务。通过对江浙沪近 30 家养老服务组织的观察，发现不少民非养老组织背后都能找到同一组织运营的一家工商企业，这些组织实际使用了"工商＋民非"的双重身份参与养老服务市场，"双重身份"几乎成为进入养老服务行业的默认选择。真正以工商企业一重身份进入养老服务核心体系、提供养老服务的组织非常之少。以上海为例，截至 2019 年，724 家养老机构中 645 家登记为民办非企业单位，社区嵌入型机构为代表的长者照护之家已开办 187 家，登记为民非身份的有 189 家。在此之前，有研究者对北京市的 443 家机构进行了全面调查，发现仅 16 家登记为工商企业，其余均为事业单位或民办非企业单位（乔晓春，2019）。

民办非企业单位作为从事非营利性社会服务活动的社会组织，具有"公益产权""非利润分配性"以及不可设立分支机构等特征，不具备抵押、融资等市场行为能力。那么，为何在国家大力倡导养老服务市场建设的大环境下，社会

---

① 2013 年国务院出台《关于加快发展养老服务业的若干意见》，明确提出"2020 年全面放开养老市场"的目标，强调充分发挥市场在资源配置中的基础性作用。如《"十三五"国家老龄事业发展和养老体系建设规划》中将政府运营的养老床位占比不超过 50% 作为主要指标之一。

投资纷纷注册民非这一非营利组织身份来参与养老服务市场？已有的研究认为市场组织的"营利性"与养老服务准公共产品的性质相斥，只有政府或者非营利组织来提供社会公共服务，才能抑制服务提供者的机会主义行为（金锦萍，2018）。养老服务组织的民非身份则是政府在"社会服务不宜全部采用市场模式供给"的理念下为借助社会投资增加社会服务供给而设计的一种新的组织身份（赵春雷，2017）。而对具有非营利性质的民非组织也存在监管失效问题，一些民办非企业单位打着"非营利单位"的幌子行"营利之实"（董蕾红、李宝军，2015），非营利性质的民办非企业单位事实上存在营利冲动（赵春雷，2017），成为"无公司之名的公司"（赵俊岭、吴建斌，2016）。这些解释大多基于公共服务的需要与政府监管的视角来阐述我国民非的发展情况，尚未有研究从企业行动者主体的视角来观察社会投资在"工商＋民非"双重身份下的具体资源优势与制度约束。

　　本研究以一家养老服务组织十年（2011—2020）的发展历程作为研究内容，通过观察该组织十年间组织身份变化的过程、动因与影响，来试图回答经验观察的困惑：在国家政策大力倡导放开养老服务市场、扶持市场主体的情况下，社会投资为何以"工商＋民非"这两重具有产权冲突的组织身份来进入核心养老服务体系？社会投资在进入养老服务市场后经历了哪几个发展阶段？不同的组织身份在不同发展阶段的组合特点有哪些？这些资源拼凑的策略为社会投资参与养老服务市场带来了什么重要的机遇与限制？本研究将通过分析社会投资这一行动者的主体行为变化来为阐释养老服务市场中的结构性困境提供独特的视角。

二、文献回顾与研究思路

　　组织获取不同身份的缘由和行动逻辑在两个方面得到解释，一是从组织身份出发，认为变换、增减组织身份会导致组织"性质"的变更，影响组织使命、战略、运营、组织发展路线等。二是认为身份变更或增加的过程本质上是在进行资源拼凑，创业导向、环境包容性、组织声誉等因素都可能是组织进行资源拼凑的动因（Dacin et al.，2016；Hooi，2016；周飞等，2019）。

（一）组织身份与资源拼凑

组织身份是组织核心独特的特征（Albert and Whetten，1985），回答的是"我们是谁"的问题，可以塑造组织成员的认知模式，指导组织行为（杨勃、齐欣、张宁宁，2020）。组织身份还具有外向型功能，组织身份会影响外部利益相关者如何看待组织（Martin，Johnson and French，2011；Tripsas，2009），外界对不同身份的组织形成特定的预期和期望（Hsu and Hannan，2007），而且组织身份本身也会受到各种因素的影响发生改变。制度理论认为组织是高度社会化的实体，影响组织身份形成最重要的外部因素是制度环境和社会文化（Gioia et al.，2013），组织通过获取合法性行动者身份来被赋予价值，以维持生存需要（Glynn and Watkiss，2012）。在制度压力影响下，组织会通过改变身份从而采取和既有制度一致的组织结构和行为，即"制度同形"（Meyer and Rowan，1977）。当制度环境发生变化，变换组织身份可以使组织适应新环境，保持竞争优势（Bouchikhi and Kimberly，2003）。在颠覆性环境下，变革组织身份也是实现战略变革的前提条件（杨勃、刘娟，2020）。中国企业在进入国际市场时，一般会采取替换、进化或增补组织身份等行动来克服组织身份合法性的外来者劣势（杜晓君、杨勃、齐朝顺，2015）。而企业为了树立企业形象，则会采用并购社会企业（social enterprise）的方式增补企业履行社会责任的身份标签（Siggelkow，2002），为本企业注入社会责任（Basu and Palazzo，2009）。

组织身份及其变化的最直接原因是为了获取或吸纳各种资源，推动组织的长效发展。资源拼凑理论认为，单元化的社会秩序从本质和系统上不可避免地出现破裂，需要不断地进行修补，这种修补性的解构主义就是拼凑（雅克，2004）。在组织行为研究中，资源拼凑作为在资源约束下的一种资源创造性利用方法，强调组织通过获取和利用资源而保持动态能力的过程（Fuglsang，2010）。组织的这种行为过程又分为"凑合利用""突破资源约束"和"即兴创作"三个阶段（Baker and Nelson，2005；Zahra et al.，2009；Van et al.，2010）。在资源拼凑对象方面，一般涵盖市场要素拼凑、实物拼凑、人力拼凑、技术拼凑等多个对象类型（Baker，Miner and Eesley，2003）。在资源拼凑影响方面，已有研究认为资源拼凑是突破资源困局的有效途径（彭伟、郑庆龄、唐康丹，2019），能有效提高组织服务创新绩效（Salunke et al.，2013）并提升组织适应外界环境变化的能力。资源拼凑也可能带来负面影响，过度依赖资源拼凑可能会干扰组织获取主要发展机会，降低组织创新能力，从而影响组织绩效（Green，Welsh and Dehler，2003）。资源拼凑理论从组织行动的视角出发,与一般性社会投资想进入养老服务行业的初生组织特性相契合,为阐述弱势组织如何克服"小而弱性""新生弱性"双重约束(祝振铎、李新春,2016)的行为过程提供了一个很好的解释。

(二)养老服务市场中的组织

而在养老服务领域,组织的身份获取与资源拼凑行为则更为明显。关于养老服务市场中的组织,理论与实践都进行了探讨。科斯等人认为私人部门提供公共服务可以解决公共物品外部性问题,规避政府失灵下的效率低下,满足社会公众的需求(萨瓦斯、周志忍,2002),引入市场组织也是多个国家改革老年照护供给体系的共同选择(高春兰,2012)。但有学者认为在准公共服务场域中,市场组织提供服务可能会面临"合约失灵",服务提供商营利导向下产生"以次充好"等机会主义行为(金锦萍,2018),损害服务受众的权益。此外,还有学者提出中国养老服务行业的现实情境是既存在着行政性进入壁垒,进入后又受到较多的行政性管制,加之土地等要素获取成本太高,非公有资本进入难、经营风险和成本比较高(康蕊、吕学静,2018)。

非营利组织被认为是在准公共物品供给领域中调和政府公共产品效率低下与市场组织合约失灵的一剂良方。非营利组织能灵活调整服务供给,降低养老服务的成本,拓展资金的来源渠道,满足老年人多样化的需求,且不以营利为目的,以提供公共服务为组织使命,能规避市场组织的营利动机(祁峰,2011)。但是这种传统非营利组织也面临着持续性发展的挑战,其领导者将更多的精力放在寻求外部捐赠或资助,而不是内部经营与管理上,外部捐赠不稳定或经营出现问题,组织都难以保持持续发展(高传胜,2015)。中国养老服务市场中的非营利组织也出现了管理混乱、监管失效等问题(赵春雷,2017)。

在市场组织、非营利组织之外,以英国为代表的一些国家正兴起一种混合型组织模式,即传统追求利润最大化企业(PMB)与非营利组织(NPO)相交融而形成的社会企业。社会企业既保留了非营利组织的社会价值取向和非营利性特征,又按照企业的方式来运营,在供给老年服务的同时实现持续发展(高传胜,2015)。国内学者对政府与这类社会企业组织的合作(钟慧澜、章晓懿,2015)、社会企业参与养老服务的困境和原因(邓汉慧、涂田、熊雅辉,2015)做出了尝试性分析。但对于社会企业如何解决我国养老问题的研究也还处于初始阶段,且社会企业理念尚未进入中国公共政策制定者的视野,社会企业在中国也未取得合法地位,相关法规政策都还处于空白状态(高传胜,2015)。工商企业这一营利组织身份以及民办非企业单位这一非营利身份仍然是我国养老服务市场中仅有的两重合法性组织身份。

(三) 文献评述与研究思路

现有的研究主要对工商企业在适应市场环境难度升级的过程中变换组织身份做出解释，对于社会投资进入养老服务市场后组织行为的动因与逻辑的解释还存在一定的研究缺口：一是社会投资进入养老服务市场面临的特殊市场环境没有得到关注。市场通过竞争分配物资或服务，但有时政府在某些领域管制市场价格、限制市场参与主体，养老服务便是这种被规制的"准市场"（高春兰，2012），处于不完全竞争环境中。准市场环境下不同组织身份下的资源差异及影响缺乏系统的梳理与呈现。二是社会投资在养老服务市场特有困境下的组织发展路径选择尚未明确。在养老服务"事业"和"产业"属性边界模糊的环境中，社会投资是何以利用身份与资源拼凑来完成组织发展的，现有的解释还存在一定的研究空白。三是资源拼凑理论在准公共物品供给情境中的适应性有待检验。资源拼凑理论对于揭示一般性企业在面临资源约束情境下的合法性策略选择具有启示，但是在组织在养老服务市场中如何通过获取身份进行资源拼凑的过程的探讨相对较少。拼凑本身是一个复杂的过程，在什么样的发展阶段拼凑何种资源，资源拼凑给组织带来了何种正面影响与负面限制尚未得到解答。

综上，结合社会投资进入养老服务市场后的身份选择与行为策略建立一个解释路径，通过"发展阶段——身份组合——资源拼凑"的视角来对社会投资如何运用不同的组织身份在养老服务供给中进行资源拼凑，对其拼凑的对象、过程结果和影响做出阐述与分析（见图1）。

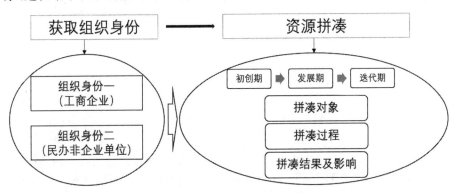

图1　社会投资进入养老服务市场的策略分析

三、案例选择与数据收集

上述的研究在理论上对组织身份变更及资源拼凑的过程进行了阐释,从理论照看现实,还需要结合丰富的经验素材来加以分析验证。组织运用双重身份进行资源拼凑是动态行为过程,鉴于典型案例研究能够对具体的实践过程展开丰富细致的描述和分析(Yin et al.,1994),本研究采用单案例研究方法,从典型案例入手,关注养老服务组织在双重身份下资源拼凑的动态过程,来回答"如何"和"为何"的问题。同时,总结不同发展阶段的纵向逻辑演变,展现不同阶段的拼凑策略。

(一)案例选择

依据典型、关键性、启示性原则,本文选取 S 市 F 组织①为研究对象。F 组织成立于 2011 年,是在 S 市最早一批进入居家老年照护并提供医养结合服务的组织。目前主要通过机构交互服务平台的搭建为老年人提供居家医疗护理、生活照料等服务,是典型的居家、社区养老服务组织,与本文研究对象高度契合。F 组织于 2011 年、2013 年先后申请到了工商注册企业与民办非企业单位。公司的发展也因不同时期的需要在特定的身份下呈现出阶段性运营特征,为从组织发展的时空来切入其资源拼凑分析提供了独特的样本。经过近十年的发展(见图 2),F 组织立足长三角,通过标准化复制扩张,拓展至长三角、珠三角等地。目前,已在全国开设/运营 52 家医疗护理站日托、32 家长者照护中心、2 家中医/医疗诊所和 1 家认知症照护中心。公司员工超 4 000 人,客户数 40 000 余人,2019 年度服务量 600 万人次,实现了发展良好。因此,剖析该组织在发展过程中的资源拼凑行为及逻辑,可以为我国养老服务组织的发展提供借鉴。

---

① F 组织先后成立的工商与民非都使用了同一品牌"F",本文 F 组织指拥有双重身份的整体组织,F 公司指拥有工商企业身份性质的"F 家庭服务有限公司",F 服务社指民办非企业性质的组织身份。

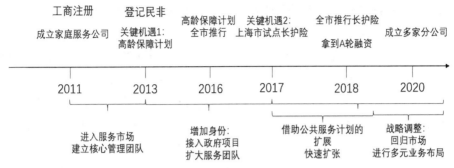

图 2　F 组织十年发展历程与关键节点

选择 F 公司作为案例的原因是：①F 企业经历了十年（2011—2021 年）的组织发展历程，十年间组织运营重点身份经历了从工商到民非，再从民非到工商来回切换的过程，围绕获取组织身份进行资源拼凑展开了丰富的实践活动。②我国养老服务市场经历了从管制到放开、从无到有的发展历程。F 公司作为典型的无国企、无大集团背景支撑的社会投资，是最早一批进入养老服务的组织，养老服务市场的特有困境、从管制到放开的环境变化等，F 组织都无可避免地经历过，对一般性社会投资参与养老服务有深刻的借鉴意义。③在市场和政策双重环境的变迁中，F 组织实现了资源约束的"突围"，成为发展良好的行业典型，但在新的时期又面临了组织发展的制度性障碍。对其进行纵向分析，既能填补养老服务制度环境变迁对组织发展影响的研究缝隙，又能对目前养老服务市场发展结构性障碍有所呈现，为养老服务市场发展困境提供案例深描。

（二）数据收集与分析

本研究数据资料的主要来源：一是对 F 公司创始人、管理层及所在区域的民政部门主要负责人员分别进行深度访谈。2019 年 8 月和 2020 年 1 月，课题组对 F 公司进行了两次现场调研。访谈对象包括 F 组织的创始人、3 位部门经理、护理部资深员工等 8 人次，访谈总时长超过 10 小时。二是对于文档材料进行搜集，包括公司公开资料及内部资料。共搜集到公司年度总结报告 3 份，公司章程 1 份，宣传手册 5 份，新闻 30 余条。在对数据进行分析和写作的阶段，遇到没有访谈到的重要问题，或者被访者对同一件事情的回答有不一致的情况，我们通过电话和发信息的方式进行了回访。为了对 F 组织的访谈记录进行验证，于 2019 年 8 月和 2020 年 9 月，对 F 组织所在的 S 市民政部门相关负责人就养老服务市场发展和社会投资进入养老服务市场的相关情况进行了两次访谈。

根据组织纵向研究（Pettigrew et al.,1990）的分析策略，首先对访谈材料和文档资料进行整理，理清 F 组织的发展过程，识别出 F 组织对应的发展过程划分、关键时间点和关键事件。其次，识别各阶段所拼凑的对象，即所用到的各类型资源。对各个阶段的拼凑对象和拼凑行为进行组合构建拼凑过程图，来理解组织的资源拼凑过程。通过案例分析、与已有研究对比等行为来不断地提炼和发现，而不预设任何假设，最后得出养老服务组织运用不同组织身份进行资源拼凑的行为过程与逻辑。

四、F 组织十年的发展：身份获取与资源拼凑

（一）初创阶段：市场管制与错位身份

社会投资具有逐利的天性，在经济活动中面临若干不同的选择机会时，追求最大的利益（亚当·斯密，1972）是社会投资的天然属性。2011 年，F 公司创始人在日本学习老年照护相关知识后回国创业，确定了老年照护作为主要的业务方向。但在 2013 年国务院 35 号文明确放开养老服务市场之前，养老服务市场还处于管制状态，彼时的国内社会投资并不能以"工商"的身份进入养老服务行业。"当时确实是不能注册'养老公司'，工商里面应该就没有这个序列，你只能向我们来申请民非。"（民政部门负责人 C201908）此时，我国尚在深化福利社会化改革阶段，养老服务行业还少有"产业"概念，更多的则是"事业"色彩。社会投资要注册带有"养老"名称的组织来参与老年服务的供给，只能通过民政系统，以民办非企业单位的身份进行申请，经由业务主管部门的审批获得批复。同时期以 F 组织为代表的社会投资都遭遇到了市场管制对组织获取工商身份的制度约束。"2011 年我去工商局注册养老服务公司，他就说这个不是我们管，我们没有这个序列，你去民政局。当时有一个美国的财团在中国设了一个养老公司，我给工商局打了电话说为什么外资可以，我们内资不可以，他说这是外商投资，特事特办。"（创始人 Z201908）

但民非的"非营利性"与"非利润非配原则"与社会投资追求投资回报的天然需求相悖。在理性经济人的考量下，F 组织选择了用"错位身份"来进入养老服务市场，在市场管制的情况下为组织开展营利性业务先获取工商性质的

组织身份。"我当时简单了解了一下，创业嘛，那肯定还是选个营利性质的，肯定不是上来做慈善。不让登记养老服务公司那没办法，我就先注册了家庭服务有限公司，先进来先做起来。"（创始人 Z201908）创始人挑选了以"家庭服务公司"的工商身份来突破当时市场管制，拼凑了组织暂时性的"身份合法"，试图通过自身的创业努力在养老服务行业获取合法的投资回报。错位身份的选择让 F 组织突破当时的制度约束，成为头一批进入行业的合法组织。

（二）生存策略："新人困境"与身份机会

进入行业并不等于立足于行业，F 组织作为无大集团背景的一般性社会投资，在两年"纯市场路线"的摸索中遇到了无可避免的养老服务市场特有困境：一是新生组织业务量不成规模的情况下，宣传与服务皆是投入大收益小。一方面养老护理类的社会互助型保险覆盖率较低，有支付能力的用户并不多，难以在支付端挖掘出规模性有支付能力的用户。"一般的家庭 3 个月、6 个月内每个月几千块钱是可以的。但是时间更长，家庭是承受不了，客户其实也没有连续性，我们发掘一个客户就要立马想下一个。"（创始人 Z201908）另一方面，居家社区养老相对于机构养老，集约化程度低，用户具有分散性，在居家社区的场景中发掘及服务用户产生的交易费用和边际成本都非常高。"我们基本上都是在靠社会关系网络在推，老用户觉得好就介绍给熟人，整体量少成规模还是难，也不像养老院，每天的服务人是固定的，我们服务的量是不定的，但是每天的成本是摆在这的。"（运营经理 Z202001）二是缺乏外部认知，市场组织从事老年照护服务，获取老年用户的信任难度大。"当时上门照护是熟人介绍，你去上门人家不信你，就是医院的护工带到家里，这样的方式慢慢去积累。"此时公司规模较小，服务人次数量也偏少，F 公司面临着初生组织的"小而弱"的困境，陷入运营与发展的困窘之中。

在"纯市场路线"探索中阻滞不前的 F 公司遇到了第一个关键机遇——高龄保障计划的推行。2013 年，S 市开始试点高龄老人医疗护理计划，在 S 市 3 个区开展试点，鼓励社会办护理机构参与老年护理服务供给，医保基金给予补贴。该计划从"补需方"的角度增强了老年用户的支付能力。"高龄计划是医保里面拿出一部分钱，50 块一次，当时我们定价 3 000 块一个月，如果确实是失能情况严重，大概可以给家庭分担一半，从支付问题上解决用户的连续性问题。"（财务部经理 L202001）有资格获取到这一部分有支付能力的用户，首先要求同时申请参与的社会办护理机构有实体护理站或护理院等为依托。这就意味着,F组织想要参与试点计划,除了提供老年护理服务,还需要进行一部分固定资产的投入。经过纯市场路线几年的艰难探索后,F组织可投入资金有限,在身份选择上慎思,开始考虑申请民非组织。社会福利化改革以来,民非组织相较于工商组织,一直享有多项政策"红利",如免税、可依法使用国有划拨土地或者农民集体所有的土地、申请建设补贴方及运营补贴、聘用专业人才后可申请人才补贴。"很多领导说你干嘛不搞一个民非,你搞一个马上就能拿到补贴,你如果不注册,没有的,那么我就去注册了民非。"(创始人Z202001)对于新生的创业组织来说,民非的政策红利在经济上能直接分担一大部分养老服务行业特有的沉没成本,大大减轻新生组织的生存难度。"养老服务是限价的,天花板是看得到的,限价的情况下肯定是要想办法去降低成本。民非是当时一个重要的分担成本的手段,当时民非是免税的……同时我们申请的一些补贴也还是减缓了负担,首先是生存下来。"(创始人Z202001)

除了"补供方"政策中各项经济型资源,民非在参与由政府筛选参与主体的项目时,在正式或非正式的约定中,民非还有承接项目的优先权。"我们肯定是重点支持非营利机构的发展,这是社会福利化建设中的政策安排。你营利的机构我们只能说尽量给予优惠和方便,你需要什么,我们来做好服务工作。"(民政Z202001)"民非是一个行业默认的,即使到现在,你要去参与政府有关的这些……从官员的角度来说,和民非打交道更保险,和企业有时候容易说不清楚……即使允许参与,肯定也是先在民非中选了再考虑工商。"(创始人Z202001)在对经济资源和项目资源进行双重考量后,F组织于2013年申请注册了与F家庭服务有限公司同名的民非组织。

(三)发展期:双重身份下的资源拼凑

1. 民非身份获取:非营利身份下的组织发展机会

2013年,F养老服务社获批成立,F组织使用这一民非身份申请加入高龄老人护理计划的服务供给组织,并于第二年加入了服务供给的队伍。2013年到2016年,高龄保障计划覆盖的人群范围和地理范围进一步扩大[①],F组织也紧跟政策发展的步伐,在其他试点街镇中设立登记为民非身份的实体站点。2016年7月,人社部颁发《关于开展长期护理保险制度试点的指导意见》,在全

---

① 2013年到2016年期间,高龄保障计划覆盖范围从80岁以上的老年人到70岁,从城镇职工医疗保险参险人扩大为城乡居民保险参险人。试点范围则从三个区6个街道扩大到全市。

国 14 个城市进行长期护理保险（以下简称长护险）的试点,S 市作为首批试点城市之一于 2017 年正式开始试点（高龄保障计划同期废止）,S 市从医保资金中划转 1%的资金作为长期护理保险的支付基金,承担老年人享受上门照护服务的 90%的费用。F 组织作为在老年人照护领域沉淀了 6 年实务经验的头部组织,第一批参与到长护险的全流程中（从评估老年人失能等级到上门服务）。随着长护险在各地的试点陆续展开,F 组织以 S 市为原点,延续高龄保障计划实际的策略,开始向全国拓展业务,以民非身份在继续拓展的同名不同属地的护理站,聚集品牌效应,扩大服务覆盖范围。到 2019 年年底,F 组织总员工超过 4 000 人,服务人次 600 万,当年 F 组织总流水高达 4.2 亿。

2. 工商身份并行：营利身份下的内动力与市场行为能力

依靠民非身份只能获得项目机会,如果想完成好项目并维持运行,还需要组合多项资源（苏芳、毛基业、谢卫红,2016）。成立 F 家庭服务社后的 F 组织并没有丢失其市场主体的内动力,高龄保障计划一期的试点范围小,用户群体窄,F 组织只承接到了老工人聚集的 Y 街道的照护项目,与同期其他试点区域相比,该街道老年人群支付力有限。但 F 组织在承接项目后积极地帮助社区街道推广政策,最终发掘了 400 个用户,成为同时段用户服务量较大的组织。从今天再回望与 F 组织同时期成长的民非,F 组织是生存最久、发展最好的组织,F 组织的创始人称这种成功很大程度上是源自其组织的"市场基因密码"。"我们的基因里面就是有一个'不是要躺在政府身上的',还是要靠企业的内动力来做这件事,只是做服务也要靠市场的这种生存、竞争的内生动力去把这块板踏实。作为一个创业者来说也是没办法,我必须把每一个机会都抓住,好好地用起来。反过来说我要是都靠着政府,都给我也做不起来,机会太多自身的能力也没有锻炼起来。"（创始人 Z202001）

此外,充分利用 F 家庭服务公司的工商身份具备的市场行为能力填补民非的天然缺陷。一方面通过多轮融资来填补民非组织发展过程中需要投入资金但不可融资的市场行为缺陷,为扩大固定资产建设提供经济支撑。在政府搭建的融资平台上,F 家庭服务有限公司的身份参与了 2019 年民营企业股权投融资,获得了本地银行的普惠性贷款。同时,在资本市场上积极地寻找风险投资,从 2017 年完成了种子轮融资,2018 年完成了天使轮和 A 轮融资,2020 年再次获取了高达数千万美元的 B 轮融资。另一方面以 F 公司为核心,布局多家企业,填补民非不能设立分支机构的组织结构缺陷。2018 年开始陆续以控股或部分控股的形式成立了健康管理服务公司、健康管理咨询公司、中医诊所、医疗管理、企业管理、职业技能培训等 70 多家养老服务企业,分布在江浙沪皖、珠三角、长三角等多个城市圈。在双重身份并行下,F 组织注重在经营中模糊多重身份间的边界,以"品牌"来链接各条块资源。2020 年累计服务的老人数量达 1 000 万人次,占上海居家养老市场近 30%的市场份额,目前成为上海最大的居家养老服务机构。

(四)迭代发展:资本再生产与利益合法化困局

1. 非营利服务赋予的营利基础

F 组织以民非身份提供非营利服务的同时,为组织积累下各种"营利"必备的要素。一是建立了良好的政府资源。"作为民办机构还是要积极地参与政府项目。有的人就说我就走市场化,我们和你没什么,这个呢未必是好事情。一些需求政府也是关心的,大家一起来完成你的感觉也是不一样的,是一个三方获利的,政府有政绩,机构可以发展,老百姓也有确确实实的服务。"(运营经理 Z202001)二是以政府的社会老年保障性政策来为组织进行背书,得以借助街道—居委这样已建立好的通道,接触并积累了大量的用户。"刚开始我觉得政府的公信力的背书对企业是很重要的。对我们来说有这个机会,一方面锻炼了队伍,最关键的是在不知名的情况下能够得到很好的宣传,这个还是挺重要的。"(创始人 Z202001)三是借助民非身份,输出了大量的公益活动,为 F 组织树立了一个"专业、负责任、公益"的品牌外部认知。"我们还同各个街道联合开展了'S 暖心行动'公益项目、健康集市等多项公益活动,也给我们的品牌形象进行了宣传报道,服务做得好,是民众认可的基础……也不得不说前期培育市场政府推了一把,也帮机构做了公信力的背书,这个对于小机构来说是非常重要的。"(运营经理 Z202001)F 组织以民非来承接政府项目,依靠街道—社区的行政通道快速高效地积累品牌形象和用户,在达到一定量的用户积累后,规模化的运营模式也克服了居家、社区养老服务原生性的分散性、交易费用与边际成本高的问题。

2. 组织身份捆绑下的结构性悖论

克服了养老服务市场的特有困境,F 组织实际上具备了实现独立运营的能力和组织基础,成为社会投资进入养老服务行业的"发展典型"。但在争取多轮融资之后,组织的发展从结构上止步于此,走向上市,成为国家政策中所鼓励的完全独立的市场主体更是一个"近"却不可及的梦想,存在组织身份的结构性悖论:

一方面社会投资要在养老服务领域扎根，就离不开民非身份。如前所述，对于一般性社会投资而言，与政府合作是克服养老服务市场特有困境的重要参与通道，而民非身份则是与政府合作的基础性门槛。"所有的项目包括像现在长护险的定点，企业是进不来的，大多数还是民非，他的认定企业就是往后排的，做一个补充可能，这是一个根深蒂固的问题。既有上位法的原因又有观念的，还有责任风险的问题……其实你想这个市场就两个口袋，一是个人的消费，一个是类似社会辅助保险或者政府计划一样的大型的补贴覆盖计划。"(创始人 Z202001)

另一方面，选择了民非就结构性地决定了组织不能独立成长，走向上市。根据非营利组织不以营利为目的，民办非企业单位的盈余和清算后的剩余财产则只能用于社会公益事业，不得在成员中分配，这一性质表明投资方不能控制被投资方的未来经济利益。若 F 组织要走向上市，F 家庭服务社的财务报表不能纳入合并报表范围。也就是说 F 组织上市需要剥离 F 家庭服务社所创造的所有的经济价值后再来核定 F 家庭服务公司的营收状况，十年发展期间登记在 F 家庭服务社身份下的固定资产也不能折算为 F 组织所有。F 组织整个发展历程中在非营利身份下投入的时间和经济上的沉没成本都无法收回。"剥离民非的部分后，我整个资产不一样了，财务报表不一样，组织发展整个历史结构也不一样……现在 A 股上市主体下面都不能有民非。"(创始人 Z202001)此外，社会投资也缺乏一个退出机制。"还有一条路就是社会企业，《证券法》明确社会企业也是企业，这样就能够做很多企业能做的事情。但是现在社会企业我们国家也是在试点，没有承认的法律依据。"(创始人 Z202001)转制成社会企业后在英国等国家可以认定为"企业"身份的一种，但在中国，社会企业刚刚处于试点阶段，还缺乏系统的法律认定。民非与工商身份捆绑后要想走向上市必然存在结构性障碍。

此外，在工商与民非的身份并行的状况下，双重身份间的财务往来存在巨大的监管缝隙。F 组织取得的融资，很难保证是从哪一重身份的业务中获得，为投资方的分红可能在"灰色空间"中进行操作。

在 F 组织的四个发展阶段中，初创阶段市场管制使用了错位的工商身份来获取组织生存的合法性，在生存阶段通过增补民办非企业单位的身份，带领组织脱离了生存的困境，在发展阶段则是组合了双重身份实现组织的发展。在第四个阶段中，组织继续使用双重身份来进行发展的过程中遇到了组织进一步发展的"身份障碍"。"身份"给予了 F 组织多重发展资源，助力了组织克服养老服务市场的特有困境,成为发展良好的达标型组织。但同时身份也捆绑了 F 组织,即使具备了营利基础,也只能一直依靠政府,陷入身份与利益合法性的困境中。

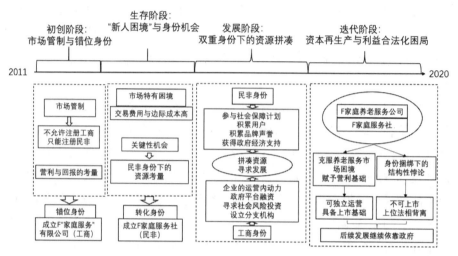

图 3　F 组织各阶段下获取组织身份的动因与影响

五、身份获取与资源拼凑:社会投资的行为逻辑

前文对 F 组织十年发展间变换身份与拼凑资源的过程进行了深度个案观察,详实地呈现了社会投资在进入养老服务行业后,"成"也"身份转化","败"也身份转化的过程。然而,"走出个案"是研究者们的共同追求(卢晖临、李雪,2007),不仅要关注 F 组织身份变换与资源拼凑的过程,更应关注其背后的结构性因素。

(一)成也组织身份:双重组织身份与资源拼凑

从组织初立,而后求生存、谋发展,获取民非身份是社会投资在政策与市场环境中资源配置结构失衡下的选择。其一,从中央到地方的政策文件中,都给予民非组织建设补贴、运营补贴、税费减免等"可见性"资源红利,获取民非身份就获取了市场竞争的初期优势。对一般性社会投资来说,注册民非等于拥有了"政府支持并分担成本"的身份优势。身份背后的资源禀赋支持了社会投资克服养老市场特有困境及组织初创的新生困境。其二，非正式制度安排中倾向于民非的"隐性"资源红利，获取民非身份可以扩展组织"生存韧性"与"发展耐力"。购买养老服务、公益创投等项目优先非营利组织几乎是默认的规则。在组织发展期，获取民非身份才能跨越政府对合作方的"身份识别"这一关卡，参与到政府公共服务的供给队伍中。一方面获得购买服务等项目的资金支持，另一方面获得接触用户的机会。借由政府背书和已建立的"街道—社区—居民"的科层通道，规模化地接触并收获用户群体。同时通过公益创投的活动拼凑组织的外部认知和品牌声誉，克服低知名度组织信用度较低的发展劣势。此外，在大部分社会投资都已经设立了民非的情况下，之后进入养老服务市场的社会投资选择使用民非身份来与竞争者在同推力的赛道中竞争，也是同群效应下的必然结果。

另一方面，使用工商身份是填补民非身份中产权设计与行为能力缺陷、谋求组织发展与壮大的重要抓手。其一，工商组织享有利润分红的权力，是广泛吸引社会投资优化、养老服务供给的重要砝码。养老服务组织的投资者能适当享有分红，是形成有活力的竞争市场的前置性条件。可营利可分红，社会投资才具有优化组织管理模式、谋求可持续发展的内在动力。其二，获取工商身份使得组织保留产权和市场行为能力的完整性，增加组织的造血能力。工商身份对名下资产具有"完全产权"，可以调补民非组织所缺乏的基本市场行为能力。在需要扩大组织经营时，可对已有的资产进行抵押来寻求融资。其三，获取工商身份可以有效弥补民非组织不能设立分支机构的问题。在民非组织不能设立分支机构的情况下，即使是同名组织，管理核心对其他区域内的组织也不具备法律认可的控制能力，资源间的调配也不具有合法性。以工商身份扩大组织经营范围，建立总部与分支机构之间的完整的控制与被控制关系，才能造就有连锁和规模效应"养老品牌"和龙头企业。

综上，"工商＋民非"的双重身份是在市场特性、政策红利倾向与组织产权结构性设计等混合要素作用下的结果，是在养老服务市场竞争机制尚未形成的大环境下，组织在初创期与发展期在养老服务行业中寻求竞争优势的必然选择。获取双重身份、进行资源拼凑则是助推社会投资在养老服务市场中生存与发展的必要条件。

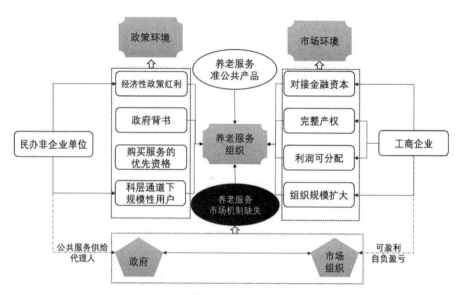

图4 双重身份下资源拼凑对象

(二)败也组织身份:身份不可逆与发展障碍

在使用双重身份突破资源约束限制,克服生存困境后,身份的交织使得组织在追求下一步发展时面临新一轮发展的合法性困局。

一是民非身份与获取投资回报相悖,抑制社会投资热情。从初期设立民非时对民非身份进行投资,到发展期以工商身份融资后投向民非的资本,这些社会投资在产权结构上属于"社会捐赠"性质。民间投资对民非身份下所有的资本投入都不归投资主体所有,分红则属违法。若想注销民非专注市场化的运营,则需要将全部资产进行捐赠。2013年前由于政府管制社会投资进入养老服务不得不注册民非、放开市场管制后由于市场特性和制度红利导向都选择了注册民非。这些社会投资由于身份的限制都不能合法取得投资回报。这种结构性的身份障碍影响了民间投资进入养老服务市场合法地获取投资回报,大大抑制了社会资本的热情。

二是民非身份捆绑组织发展,改变组织成长道路。即使克服了养老服务市场的初期困境,投资人出于对多年经营的考虑,大多会选择持续运营民非身份。但长远看,资源拼凑构建出的双重组织架构,其发展和运营的道路是相悖的。民非以公共服务供给为目标,以非营利方式运营;工商企业以企业利润与组织扩展为目标,以获取投资回报为动力。走向资本市场来完善公司治理、获取长期稳定的资本性资金、提升企业的品牌价值和市场影响力是市场组织走向独立运营的天然追求。2018 年 F 组织完成 A 轮融资，对基础性资源的需求减弱。若选择持续以"双重身份"为依托继续进行资源拼凑，民非身份下的资产无法进入组织总资产核算，需要对民非身份进行剥离后才能申请上市，剥离民非身份重新建立市场组织则会影响组织的资本积累并改写组织的发展历史起点。民非身份成为影响组织进一步发展的身份障碍。

三是双重身份运作助长养老服务社会风险。双重身份下的养老服务组织混合了公共服务供给代理人与市场组织之间的互补价值，给企业带来了更大的生存支持。但另一方面随着组织业务的扩大，账目混淆、规避公共服务项目正规审计等无序、混乱的问题会扩大养老服务的社会型风险。同时，"民非"往往是注册在民政系统下的社会组织管理部门，有限的业务部门监察资源也难以对数量繁多的私人投资、有营利需求的民非进行真实有效的年检，民非的"非营利性"在实际业务管理中也难以得到保障，社会投资回报的需要往往靠不正当的方法取得，助长了养老服务行业的社会风险，不利于养老服务市场的可持续发展。

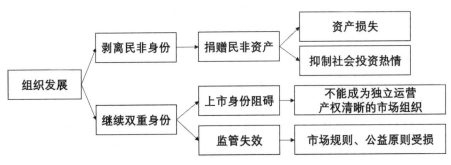

图 5　双重身份资源拼凑的发展障碍

（三）组织身份：社会资本参与养老服务市场的资源控制器

"双重身份"几乎是社会投资在养老服务组织的普遍选择，也逐渐被行业和政府所默许。这种多方默许下的平衡性关系，实际上是政府借由组织身份创造出了具有权变和灵活性的可操作空间，既吸引社会投资与政府共同进行公共服务建设，同时又控制社会资本，影响着养老服务市场机制的运转，组织身份成为养老服务市场中的重要资源控制器。

一方面"民非身份"给予了社会投资获取政府资源的合法身份，实则是政府以资源吸引社会投资与其共同进行养老服务建设。在单位制解体，社会服务快速推向社会的情况下,1998 年《民办非企业单位登记管理暂行条例》的出台,是国家把过去完全由自己控制和管理的一部分公共服务领域让出来,设计了一个公私、社企模糊的空间来吸引社会投资。民办非企业单位作为非营利组织,政府给予其适当的补贴与支持符合国家对公共服务的投入,既帮助了社会投资克服养老服务市场的特有困境,也履行了政府的社会责任。在我国社会慈善并不发达的情况下,大部分社会投资人并非出于捐赠动机来参与公共服务供给,而是进行着一项投资选择。社会投资接驳"民非"制度,进入养老服务、教育、医疗卫生等领域,"披上一张皮"是给予政府和社会投资共同建设公共服务合法性的重要方式。而对于民非营利性的弱监管则是特殊发展时期承认了社会投资的有效性,给予其发展动力。社会福利化改革以来,这样一套具有操作空间的制度安排对培育我国社会力量、引入社会投资来进行社会服务建设的作用不可忽视。

另一方面,政府以身份识别来分流资源,影响养老服务市场发展,放开养老服务市场实则是"名放实收"。政府资源倾向于支持非营利组织发展,这种身份识别下的资源分配方式又延伸出对养老服务市场的干扰。政府以身份而不是服务成效来分流各项资源,意味着社会投资只要获取"民非"身份就等于占领了市场竞争的优势地位,加大了单一工商身份的社会投资的生存难度。而社会投资一旦注册民非就需要接受业务主管部门的监管,投资是否能被默许取得一定的回报也取决于政府的监管程度,市场竞争下的分配机制转身为政府的配给制度安排。身份裹挟着养老服务组织,对市场规则、公益原则、投资权益和政府管理都造成了巨大不确定性和隐患,私人资产与社会资产、营利与非营利之间含混不清,对发展养老服务市场、吸引社会投资而言,如芒在背。以供给社会服务的有效性而不是组织身份来决定资源的分配,或许是破除身份对社会投资合法性困局的有效途径。

六、结论与讨论

在新的时期,出现了大量有能力提供社会服务的组织,国家也放开对养老服务市场的资格管制,致力于养老服务市场的建设。一方面地方政府试图在实践中寻找资本逐利和公益平衡点。2012 年温州市推出"公益新政",允许民办非企业单位获取合理收益。对登记为民办非企业单位的学校、医疗机构、养老机构，明确出资财产属于出资人所有；投入满 5 年后，在保证不撤资、不影响法人财产稳定的前提下，出资人产（股）权份额经单位决策机构和行业主管部门同意，可以转让、继承、赠与；在扣除举办成本、预留单位发展基金以及提取其他有关费用后，尚有结余的，允许出资人取得一定的合理回报。另一方面，国家也积极出台新型政策，来克服资本参与养老服务市场投资的固有缺陷。以《城企联动普惠养老专项行动实施方案》等文件落实国资国企参与养老服务建设，试图克服社会资本短期回报与养老服务市场长期投入的矛盾。这些新政和试点尚在探索和试验的阶段，但也为破解社会投资在养老服务市场中的身份之困做出了尝试。

养老服务市场的兴旺发展，既需要有养老刚性需求、有支付能力的需求方，更需要相应能提供个性化、多层次养老服务的市场主体。建议一方面要通过政策引导，鼓励社会投资办的养老服务"民非"组织向具有造血功能的企业转变，成为真正的市场主体。给予一部分发展初具规模、具备独立运营模式甚至具备融资及扩大经营能力的养老服务组织选择的空间，让其可以脱离民非身份，解除其在产权、资产储备等方面的障碍，解决社会投资在养老服务市场中的"两张皮"问题，做好有序管理、有效供给的基础性工作。另一方面探索养老服务市场主体的社会企业发展道路。养老服务市场毕竟不同于一般性商品服务市场，本质上是以社会问题和民生需求为导向。在政府的培育和支持后，一部分经营模式清晰、态势良好、有可持续发展能力的优秀养老服务供给组织，应当鼓励其转型为社会企业。使用商业手段和市场力量来运营养老服务组织，提供高质高效的养老服务，实现社会公共利益目标。通过改革公共服务建设中现行的"身份"制度安排，解放社会投资，与政府简政放权、购买社会组织服务改革相呼应，形成政府社会组织和企业三个部门的良性互动与有效合作，促进经济社会的良性发展，实现李克强总理提出的建立"惠而不费"的公共服务发展新机制。

参考文献

邓汉慧，涂田，熊雅辉，2015.社会企业缺位于社区居家养老服务的思考[J].武汉大学学报(哲学社会科学版)，68(01)：109-115.

董蕾红，李宝军，2015.社会企业的法律界定与监管——以社会企业参与养老产业为分析样本[J].华东理工大学学报(社会科学版)，30(03)：108-116.

杜晓君，杨勃，齐朝顺，等，2015.外来者劣势的克服机制：组织身份变革——基于联想和中远的探索性案例研究[J].中国工业经济(12):130-145.

高传胜,2015.社会企业与中国老龄服务供给[J].社会科学研究(03):115-120.

高传胜,2015.以老龄服务业包容性发展破解中国养老难问题[J].中州学刊(09):73-77.

高春兰,2012.老年长期护理保险中政府与市场的责任分担机制研究——以日本和韩国经验为例[J].学习与实践(08):103-109.

辜胜阻,方浪,曹冬梅,2015.发展养老服务业应对人口老龄化的战略思考[J].经济纵横(09):1-7.

金锦萍,2018.为什么非得非营利组织——论合约失灵场合中社会公共服务的提供[J].社会保障评论,2(01):92-102.

康蕊,吕学静,2018.社会资本参与居家养老服务现状考察——以北京市为例[J].城市问题(03):89-96.

卢晖临,李雪,2007.如何走出个案——从个案研究到扩展个案研究[J].中国社会科学(01):118-130+207-208.

彭伟,郑庆龄,唐康丹,等,2019.社会创业企业资源拼凑行为的驱动机制研究——基于模糊集的定性比较分析[J].南方经济(10):90-101.

祁峰,2011.非营利组织参与居家养老的角色、优势及对策[J].中国行政管理(10):75-78.

乔晓春,2019.养老产业为何兴旺不起来?[J].社会政策研究(02):7-21.

萨瓦斯 E S,2002.民营化与公私部门的伙伴关系[M].周志忍,译.北京:中国人民大学.

苏芳,毛基业,谢卫红,2016.资源贫乏企业应对环境剧变的拼凑过程研究[J].管理世界(08):137-149+188.

雅克·德里达,2004.多重立场[M].余碧平,译.北京:生活·读书·新知三联书店.

亚当·斯密,1972.国民财富的性质和原因的研究[M].郭大力,王亚南,译.北京:商务印书馆.

杨勃,刘娟,2020.颠覆性环境下的组织身份变革与战略变革——比较研究及整合框架构建[J].商业研究(05):146-152.

杨勃,齐欣,张宁宁,2020.新兴市场跨国企业国际化的来源国劣势研究——基于组织身份视角[J].经济与管理研究,41(04):74-87.

赵春雷,2017.民办非企业单位的不正当营利问题及其化解对策[J].中国行政管理(09):42-47.

赵俊岭,吴建斌,2016.民办非企业法人出资权益定价机制解析——以改制单位为主要分析对象[J].江苏社会科学(01):116-121.

钟慧澜,章晓懿,2015.激励相容与共同创业:养老服务中政府与社会企业合作供给模式研究[J].上海行政学院学报,16(05):31-40.

周飞,沙振权,孙锐,2019.市场导向、资源拼凑与商业模式创新的关系研究[J].科研管理，40(01)：113‐120.

朱浩，2017. 中国养老服务市场化改革三十年的回顾与反思[J]. 中州学刊(08)：66‐72.

祝振铎，李新春，2016. 新创企业成长战略：资源拼凑的研究综述与展望[J]. 外国经济与管理，38(11)：71‐82.

ALBERT S，WHETTEN D A，1985. Organizational identity［J］. Research in Organizational Behavior.

BAKER T，MINER A S，EESLEY D T，2003. Improvising firms：bricolage，account giving and improvisational competencies in the founding process[J]. Research Policy，32 (2)：255‐276.

BAKER T，NELSON R E，2005. Creating something from nothing：resource construction through entrepreneurial bricolage[J]. Administrative Science Quarterly，50 (3)：329‐366.

BASU K，PALAZZO G，2009. Corporate social responsibility：a process model of sensemaking[J]. Academy of Management Review，33 (1)：122‐136.

BOUCHIKHI H，KIMBERLY J R，2003. Escaping the identity trap［J］. MIT Sloan Management Review，44(3)：20.

DACIN M T，DACIN P A，TRACEY P，2016. Social Entrepreneurship：a critique and future directions[J]. Organization Science，22(5)：1203‐1213.

FUGLSANG L，2010. Bricolage and invisible innovation in public service innovation[J]. Journal of Innovation Economics Management (1)：67‐87.

GIOIA D A，PATVARDHAN S D，HAMILTON A L，et al，2013. Organizational identity formation and change[J]. Academy of Management Annals，7(1)：123‐193.

GLYNN M A，ABZUG R，2002. Institutionalizing identity：Symbolic isomorphism and organizational names[J]. Academy of Management Journal，45(1)：267‐280.

GREEN S G，WELSH M A，DEHLER G E，2003. Advocacy，performance，and threshold influences on decisions to terminate new product development[J]. Academy of Management Journal，46 (4)：419‐434.

HOOI H C，AHMAD N H，AMRAN A，et al，2016. The functional role of entrepreneurial orientation and entrepreneurial bricolage in ensuring sustainable entrepreneurship[J]. Management Research Review，39 (12)：1616‐1638.

HSU G，HANNAN M T，2007. Identities，genres，and organizational forms［J］. Operations Research.

MARTIN K D，JOHNSON J L，FRENCH J J，2011. Institutional pressures and marketing ethics initiatives：the focal role of organizational identity[J]. Journal of the Academy of Marketing Science，39 (4)：574‐591.

MEYER J W, ROWAN B, 1977. Institutionalized organizations: formal structure as myth and ceremony[J]. American Journal of Sociology, 83 (2): 340 – 363.

SALUNKE S, WEERAWARDENA J, MCCOLL-KENNEDY J R, 2013. Competing through service innovation: the role of bricolage and entrepreneurship in project-oriented firms[J]. Journal of Business Research, 66 (8): 1085 – 1097.

SIGGELKOW N, 2002. Evolution toward fit[J]. Administrative Science Quarterly, 47 (1): 125 – 159.

TRIPSAS M, 2009. Technology, identity, and inertia through the lens of "the digital photography company" [J]. Organization Science, 20 (2): 441 – 460.

VAN DOORN J, LEMON K N, MITTAL V, et al, 2010. Customer engagement behavior: theoretical foundations and research directions [J]. Journal of Service Research, 13 (3): 253 – 266.

ZAHRA S A, GEDAJLOVIC E, NEUBAUM D O, et al, 2009. A typology of social entrepreneurs: motives, search processes and ethical challenges[J]. Journal of Business Venturing, 24 (5): 519 – 532.

Identity Acquisition and Resource Bricolage:
A Strategic Analysis of Social Investment into the Elderly Care Service Market

Zhang Huimin   Zhang Xiaoyi

Abstract: How social investment can effectively participate in the elderly care service market is an important issue of great concern. The article reveals the motivation and behavior logic of social investment in the elderly care service market through the observation of the development history of an elderly care service organization with the dual identity of "commercial enterprise + private non-enterprise unit". The study found that registration of private non-enterprise unit status was used to cobble together government resources, gain external organizational reputation and large-scale users to overcome organizational nascent dilemmas. The registration of commercial enterprise status is for the purpose of piecing together market resources such as property rights, financing, branch setup, etc., thus enhancing the organization's ability to grow. The practice of piecing together resources under dual identity gives social investment flexibility and discretion in the elderly care market，bringing them more resources and space for development for market players of elderly. But it also makes the organization ambiguous and conflicting in nature and property rights structure，which makes the organization face the two-way constraints of government and market in the process of further development. The study recommends that government policies should reform the existing identity system in the elderly care service market and explore the path of social enterprise development for market players of elderly. By clarifying the boundaries between profit and non-profit，public welfare and investment in the elderly care service market and forming a healthy interaction and effective cooperation among the government，social organizations and enterprises，the sustainable development of China's elderly care service market will be promoted.

Key words：social investment；elderly care service market；resource bricolage；dual identity

"政治印记"与"代际差异"：
重新审视政治关联对基金会资金来源的影响

——基于 3 231 个中国基金会数据的实证分析[*]

黄　刚　施从美[**]

摘　要：中国基金会长期以来被认为存在政治关联，最新研究却显示中国基金会的资金来源不再受政治关联显著影响。那么，中国基金会资金来源与政治关联的"真实关系"究竟如何？是否中国基金会资金来源的政治关联性已经弱化甚至消弭？基于中国基金会研究基础数据库（RICF 2017）收集的3 231个中国基金会数据，从政治关联和代际效应视角对中国基金会资金来源分析后发现：政治关联在中国基金会发展过程中普遍存在。当前阶段，尽管政治关联对基金会资金总量、市场收益的影响已经不显著，但对基金会社会捐赠、政府补助等非市场因素主要资金来源仍产生显著影响。此外，中国基金会资金来源还存在"代际效应"，即不同组织年龄的基金会资金来源受政治关联的影响，不仅存在年代内的共性，还存在年代间的差异。总体而言，中国基金会经历了四十年发展，不同"年龄层"基金会因所处不同时代的制度环境差异影响已经形成了不同组织禀赋。

关键词：政治关联；代际效应；基金会；资金来源；制度规制

---

[*]　本文系国家社科基金年度项目"政府购买农业公益性服务的政策落实研究"（19BZZ086）；国家自然科学基金青年科学基金项目"社区非营利组织参与社会治理的行为模式与有效性研究：基于大数据的实证分析"（71804120）的研究成果。

[**]　黄刚（1994—），男，苏州大学博士，杭州国际城市学研究中心浙江省城市治理研究中心助理研究员；施从美，苏州大学社会组织与社会治理研究院教授，博导。

"政治印记"与"代际差异":重新审视政治关联对基金会资金来源的影响
——基于 3 231 个中国基金会数据的实证分析

一、引言

中国基金会的产生是政府在社会领域预判与创新实践的产物,它超越当时社会经济基础、政府政策条件和公众公益认知。因此,中国基金会发展初期必然是依靠甚至是完全依赖国家行政权力机关,并存在紧密的政治关联(谢宝富,2003)。在缺乏完善制度规范和良性政策引导的前提下,中国基金会早期的创新实践很快演变成一种政治"风潮",各种冠以基金会之名的组织层出不穷,涉及众多领域,遍及全国各地。在这些组织中有些甚至以基金会的名义进行摊派集资,并造成了较坏的社会影响(王名,2007)。为了减少行政力量干预基金会等行为,国务院于 2004 年 3 月颁布《基金会管理办法》,从法律层面限制了在职政府官员兼任基金会领导成员、行政干预基金会等情况,一定程度上保障了基金会的独立发展(丁波,2008)。随着经济持续三十年的快速增长,社会公益财富的增加,法律政策环境的完善,中国基金会发展迎来了黄金期(王名,2008)。中国基金会近四十年的发展,经历了探索创新、行政干预、市场运作等不同阶段。当前阶段中国基金会总体发展样态如何? 政治关联是否仍显著影响基金会资金来源? 成立于不同年代的基金会是否还深受时代影响存在代际差异?

大量文献表明政治关联深刻影响着基金会的资金来源(Pfeffer and Salancik,2003;徐宇珊,2008;宋程成、蔡宁、王诗宗,2013)。与以往研究结果不同,最新研究却发现中国基金会资金来源已不再受政治关联显著影响(McGinnis and Ni,2015;颜克高等,2016;Wei and Qian,2016)。颜克高等人基于中国 305 家基金会,考察了政治关联对改善基金会资源状况的影响,发现政治关联对基金会政策资源获取影响不显著;政治关联幅度、强度对基金会资源获取也不产生显著影响(颜克高等,2016)。部分学者从类型学视角出发,揭示了政府受其自身政治偏好影响会对少数类型基金会做出"选择性的支持"。研究表明学校基金更受政治系统的青睐,政治关联仅对该类型基金会资金来源产生显著影响(Wei and Qian,2016;Banker and Datar,1989)。上述最新研究显示,政治关联对中国基金会资金来源总体上不产生显著影响,也揭示了政府对不同类型基金会存在的系统性偏好。然而,当前研究对基金会资金来源的处理相对笼统。多数研究忽视了资金来源的异质性,因而难以揭示政治关联与基金会资金来源的"真实关系"。基金会资金来源相对广泛,不同类型的基金会在资金获取渠道上也存在差异,在基金会多渠道资金的加总过程中,不同渠道的资金会进行互相弥合与补充,从而导致"有效信息"的损失。同样,这些研究还忽视了基金会的年代问题,成立于不同年代的基金会因其成立背景和政治依赖不同,政治关联对基金会资金来源影响上可能存在差异。

在已有文献研究基础上,本研究将基金会的资金来源划分为社会捐赠、市场收益、政府补助三个部分,并从政治关联、代际效应视角对基金会资金来源进行考察。研究发现政治关联对中国基金会社会捐赠、政府补助资金来源仍发挥显著影响;不同年代成立的基金会资金来源分布存在显著差异;基金会资金来源受政治关联的影响还具有年代特征,存在"代际效应"。研究进一步讨论了基金会政治关联存在的延续性特征、制度规范起到的约束作用,以及基金会良性发展的政策启示。

二、理论综述与研究假设

中国基金会的发展离不开政府的推动与支持,因而基金会与政府长期在政治上存在着关联。经济的高速发展、社会的快速转型给基金会带来了深刻的影响,同时也改变着二者间的政治联系。

(一)基金会资金来源的政治关联性

国内外研究表明,政治关联具有普遍性。无论是发达国家还是发展中国家,政治关联都属于一种常见的组织现象(Wei and Qian,2016;胡旭阳,2006)。政治关联不同于腐败和贿赂,也不同于政治干预,因为它在法律层面上是完全合法的(赵峰、马光明,2011)。在组织发展过程中,政治关联能为组织提供公信力资源、政策资源,以及制度优惠等等。当然,过度的政治关联同样也给行业生态、组织能力造成负面影响,甚至形成"政治资源的诅咒效应"(袁建国、后青松、程晨,2015)。最新的研究成果显示中国基金会资金来源已不再受政治关联影响,与上述政治关联具有普遍性的观点大相径庭。那么,中国基金会资金来源与政治关联的"真实关系"究竟如何? 是否中国基金会资金来源的政治关联性已经弱化甚至消弭?

部分研究依据基金会财务会计报告,将基金会资金来源定义为"捐赠、会费、提供服务、商品销售、政府补助、投资收益、其他"七大类收入总和（McGinnis and Ni，2015；Wei and Qian，2016）。另有学者将基金会的资金来源划分为政府和市场两种类型，政府来源用免税资格和政府补助变量替代，捐赠资源则定义为市场中获取的各类捐赠（颜克高等，2016）。前者忽略了不同资金渠道收入的差异性，在不同渠道资金加总过程中，不同渠道的资金可能会相互弥合和补充，从而导致"有效信息"的损失，甚至是隐藏其中的"真实关系"。后者在基金会资金来源的划分上忽略了"社会"这一重要类型，因而在研究中无法有效反映基金会资金收入与政治关联的实际结果。本研究在已有研究的基础上做出调整，将基金会资金来源具体划分为社会捐赠、市场收益以及政府补助三类，既能够防止资金收入加总过程中"有效信息"的损失，又能够较好反映基金会资金来源与政治关联的"真实关系"。

已往研究表明中国基金会资金来源在政治关联方面，与社会捐赠、市场收益、政府补助收入存在密切联系。早期，中国基金会的资金主要来源于政府补助，而政府补助又与政治关联表现为密不可分的依存关系，即政府给予基金会补贴，基金会作为慈善组织，有效地提供公共物品和公共服务（徐宇珊，2008）。随着基金会相关法律法规以及政策出台，基金会开始重视自身组织能力建设，逐步向独立方向发展。社会财富的增长、慈善意识的增强为基金会发展提供了良好的土壤。同时，基金会也借助个人关系、成员身份、社会网络和信任关系实现其对社会资金的吸纳（林闽钢，2007）。由此可见，中国基金会的资金来源至少存在政府性补助、市场性收益以及社会性捐赠三类。

根据上述分析，提出本文研究假设 1a：政治关联对基金会资金总量产生显著影响。

按基金会来源，在将基金会资金总量细分为社会捐赠、市场收益、政府补助收入后，我们提出假设 1b~1d：

假设 1b：政治关联对基金会社会捐赠收入产生显著影响。

假设 1c：政治关联对基金会市场收益收入产生显著影响。

假设 1d：政治关联对基金会政府补助收入产生显著影响。

（二）基金会资金来源的代际效应

伴随改革开放的进程，中国的基金会从无到有，走过了一条在探索中发展壮大的成长之路（王名，2008）。中国基金会的发展之路具体又可划分为初步探索（1981—1987）、法制规范（1988—2003）、制度完善（2004—2015）三个不同阶段（徐政，2006；王名，2009）。"年龄、年代和代际模型"认为，成立于某一阶段或某一年的组织往往具有类似的社会经历和组织状况（Hanoch and Honig，1985）。成立在相同阶段的基金会具有相似的社会经历与组织状况，而成立于不同阶段的基金会因其成立背景不同在资金来源方面可能存在显著差异。

根据上述分析，我们认为不同年代成立的基金会，它们的资金来源影响存在显著差异，并提出假设 2a～2c：

假设 2a：不同年代成立的基金会，它们的社会捐赠收入存在显著差异。

假设 2b：不同年代成立的基金会，它们的市场收益收入存在显著差异。

假设 2c：不同年代成立的基金会，它们的政府补助收入存在显著差异。

在初步探索阶段，中国基金会最初由政府推动，全国性社团和单位共同发起[1]。早期基金会发展主要表现为政治上高度相关、资金上高度依赖。在各级政府、事业单位的推动下，各种冠以基金会之名的组织层出不穷，在这些组织中有些甚至以基金会的名义进行摊派集资，并造成了较坏的社会影响。直到 1988 年《基金会管理办法》的出台，中国基金会领域才拥有了相应的法律依据。《基金会管理办法》一方面为整顿基金会乱象提供了有效的依据，另一方面从法律层面限制了政府对基金会的干预。[2] 由此，中国基金会的发展开始步入法制化和规范化的轨道。2004 年国务院颁布了《基金会管理条例》，它明确了基金会的定位，并对基金会的设立条件、组织机构、财产使用等诸方面进行了详细规定，它实际上规范了基金会行业，同时为民间力量参与基金会建设开辟了渠道。

在基金会的发展过程中，成立于不同阶段的基金会在政治关联、资金收入上有所区别，但始终与政府存在联系。政治关联能够为基金会获取资金或者转化政府相关的政治资源提供帮助。在这过程中政治关联同样会带来正负两个方面的影响：一方面组织可以通过与决策者建立特殊的联系，更好地接近政府资源（Detomasi D，2008），另一方面组织也会因政治关联产生代理成本（贾明，张喆，2010）、政策执行者个人逐利（颜克高等，2016）、政府指派委任

---

[1] 1981 年 7 月，全国妇联、总工会、共青团中央和中国科协等 17 个全国性社团和单位发起设立了新中国第一家基金会——中国儿童少年基金会。随后在 1982 年 5 月和 1984 年 3 月，宋庆龄基金会和残疾人福利基金会相继成立，揭开了中国基金会发展的序幕。参见王名，徐宇珊，2008. 基金会论纲，中国非营利评论(1)。

[2] 《基金会管理办法》第五条规定："基金会的领导成员，不得由现职的政府工作人员兼任。基金会应当实行民主管理，建立严格的资金筹集、管理、使用制度，定期公布收支账目。"

(王名，2007)等负面影响。因此，在考察政治关联对基金会资金收入的影响时，代际效应这一研究视角必不可少。

根据上述分析，我们认为政治关联对基金会资金来源影响存在"代际效应"，并提出假设 3a～3c：

假设 3a：不同年代成立的基金会，政治关联对基金会社会捐赠影响存在显著差异。

假设 3b：不同年代成立的基金会，政治关联对基金会市场收益影响存在显著差异。

假设 3c：不同年代成立的基金会，政治关联对基金会政府补助影响存在显著差异。

综上所述，本文从政治关联、代际效应视角对基金会资金来源进行了考察，并提出以下理论模型(见图 1)。

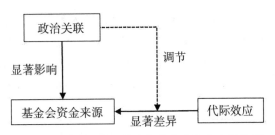

图 1　政治关联、代际效应与基金会资金来源模型

三、研究设计

(一) 样本选择

本文选取 2017 年 9 月 12 日中国基金会研究基础数据库①(RICF2017)更新的 2015 年全国 4 895 家基金会基本信息及财务数据作为研究样本，并对数据进行了必要的清理。第一，剔除数据库中人员、财务数据缺失的基金会；第

---

① 参见 http://ricf.org.cn/ 中国基金会的数据网站。

二,剔除了高校教育基金会①,最终确定 3 231 个有效样本。

研究数据的获取方法及来源:数据收集是基于爬虫、解析和编译等计算机程序(Python Scrapy)。数据依据来源,按照顺序依次获取:①政府监管机构披露的信息。例如,民政部民政事务局(http://jh.chinanpo.gov.cn)和上海市非政府组织管理局(http://xxgk.shstj.gov.cn/)披露的年度备案文件等。民政部政府部门监管网站(http://www.mca.gov.cn/)列表。②民间组织管理局建立的监督平台,中国基金会数据库披露的信息(http://chinafound.org.cn;information-disclosing)。非营利组织建立的监督平台,"基金会中心网"披露的信息(http://foundationcenter.org.cn)。③基金会官方网站的信息。在"原始数据"文件夹下获取并存储网站快照。④新闻、杂志或相关网站。

(二) 变量定义

研究设计中包含了主要回归变量、控制变量两类(见表1),其中主要回归变量中资金总量、社会捐赠、市场收益、政府补助为被解释变量,其他则是解释变量。政治关联的测量,参照 Faccio、颜克高等人界定②,用基金会负责人中是否含有国家工作人员或担任过省部级工作人员表示。代际效应则通过基金会"组织年龄"来反映,组织年龄变量还将与政治关联构建交互项,引入模型。在控制变量选择上,对已有文献基础上做了改进,在基金会类型、税收优惠资格基础上增加变量基金会等级、登记部门和基金会全职员工数。具体的变量定义如下:

---

① "因高校教育基金会是依托高校而成立的,大多数关联理事来自依托高校,而高校理事不属于政治关联范畴,所以将样本中高校教育基金会也应予以剔除。"参见颜克高等:政治关联能改善基金会的资源状况吗? ——来自中国 305 家基金会的实证研究,《中国非营利评论》,2016 年第 2 期。

② 关于政治关联的概念尚未统一,国内外学者针对自身研究的不同界定不同的概念。在商业领域,Faccio 等对政治关联概念的界定被广泛接受和使用,即公司的大股东或高管是议员、大臣、政府首脑或者与政府高官关系密切,那么该公司就具有政治关联(参见 FACCIO M, MASULIS R W, MCCONNELL J, 2006. Political Connections and Corporate Bailouts[J]. The Journal of Finance, 61(6):2597-2635.)。在此基础上,国内外学者进行了修正,提出企业政治关联可以用上市公司高管(董事长或总经理)是否为前任或现任政府官员、人大代表、政协委员等衡量(参见贾明,张喆,2010. 高管的政治关联影响公司慈善行为吗? [J].管理世界,(4))。在社会组织方面,宋程成等将政治关联定义为非营利组织的高层,曾经担任或现在担任相应的政府位置(宋程成等, 2013. 跨部门协同中非营利组织自主性的形成机制——来自政治关联的解释[J].公共管理学报,(4))。颜克高等进一步细化,把基金会政治关联界定为"基金会理事长、秘书长即理事成员现在或曾经具有人大代表或政协委员资格,(曾)有政府工作背景"。(参见颜克高,罗欧琳,2016. 政治关联能改善基金会的资源状况吗? ——来自中国 305 家基金会的实证研究[J].中国非营利评论,(2))参照上述政治关联概念后,本文将基金会政治关联界定为:基金会的理事会、秘书处成员具有现任或曾任国家工作人员、人大代表、政协委员资格的情况。

表 1　变量定义

变量名称	变量符号	变量描述
主要回归变量		
资金总量	TC	按照基金会财务会计报告,将基金会资源筹集定义为业务活动表中"捐赠""会费""提供服务""商品销售""政府补助""投资收益""其他收入"七大类收入总和,并在取自然对数后带入模型
社会捐赠	SR	指组织中社会捐赠和会费收入占基金会资源筹集收入的比重
市场收益	MR	指组织在市场中进行商品销售、提供服务、投资受益所获取的收入占基金会资源筹集收入的比重
政府补助	PS	指组织获取政府补助收入占基金会资源筹集收入的比重
政治关联	PC	用基金会负责人中是否含国家工作人员表示,其中不含有的用 0 表示,否则用 1 表示,并在模型里分别设置为 PC_0、PC_1
组织年龄	GA	指组织从成立起到计算时止生存的时间长度,基金会成立当年年岁即为 1。根据中国基金会发展的三阶段,将基金会按照年龄分别归类在制度完善(2004—2015)、法制规范(1988—2003)、初步探索(1981—1987)三个时期内,并在模型里依次设置为 GA_1、GA_2、GA_3
控制变量		
基金会等级	FL	指依据基金会注册性质划分,分为地方性和全国性两类,其中地方性基金会用 0 表示,全国性基金会用 1 表示
登记部门	RA	登记部门哑变量,按照登记部门划分为"国家民政部、省级民政部门、市级民政部门、县级民政部门"四类,并在模型里分别将它们设置为 RA_4、RA_3、RA_2、RA_1,其中"县级民政部门"为参照组
基金会类型	FT	指按照是否有公募资格划分,分为非公募基金会和公募基金会,其中非公募基金会用 0 表示,公募基金会用 1 表示
税收优惠资格	TP	税收优惠资格哑变量,按照基金会税收优惠资格条件划分为"有公益性捐赠税前扣除资格和非营利组织免税资格、仅有非营利组织免税资格、仅有公益性捐赠税前扣除资格以及无税收优惠资格"四类,并在模型里分别将它们设置为 TP_4、TP_3、TP_2、TP_1,其中"无税收优惠资格"为参照组
全职员工数	FE	指基金会中含有的全职员工数量

101

（三）模型设计

根据假设 1a，首先检验政治关联是否对基金会来源产生显著影响，通过控制基金会组织年龄、基金会等级、登记部门、基金会类型、税收优惠资格取、全职员工数等变量，构建回归模型（1）如下。与其他模型相比，该模型优势在于能够较为便捷、准确地计量多个自变量对因变量的影响强度，反映各个因素之间的相关程度与回归拟合程度的高低。

$$TC = \beta_0 + \beta_1 PC + \beta_2 GA_1 + \beta_3 GA_2 + \beta_4 GA_3 + \beta_i \sum_{i=5}^{n} Controls + \varepsilon \quad (1)$$

根据假设 1b～1c、2a～2c，进一步测量组织年龄对社会捐赠、市场收益、政府补助收入的影响情况，构建模型（2）～（4）如下：

$$SR = \beta_0 + \beta_1 GA_1 + \beta_2 GA_2 + \beta_3 GA_3 + \beta_4 PC + \beta_i \sum_{i=5}^{n} Controls + \varepsilon \quad (2)$$

$$MR = \beta_0 + \beta_1 GA_1 + \beta_2 GA_2 + \beta_3 GA_3 + \beta_4 PC + \beta_i \sum_{i=5}^{n} Controls + \varepsilon \quad (3)$$

$$PS = \beta_0 + \beta_1 GA_1 + \beta_2 GA_2 + \beta_3 GA_3 + \beta_4 PC + \beta_i \sum_{i=5}^{n} Controls + \varepsilon \quad (4)$$

根据假设 3a～3c，在模型（2）～（4）的基础上进行了改进，将组织年龄与政治关联变量组合，构造形成差异化交互项，以便测量不同年代基金会的政治关联对其资金来源的影响情况。在上述基础上构建回归模型（5）～（7）分别如下：

$$SR = \beta_0 + \beta_1 GA * PC + \beta_i \sum_{i=2}^{n} Controls + \varepsilon \quad (5)$$

$$MR = \beta_0 + \beta_1 GA * PC + \beta_i \sum_{i=2}^{n} Controls + \varepsilon \quad (6)$$

$$PS = \beta_0 + \beta_1 GA * PC + \beta_i \sum_{i=2}^{n} Controls + \varepsilon \quad (7)$$

四、实证结论与研究分析

（一）描述性统计与相关性分析

表 2 报告了主要回归变量的描述性统计结果。目前，中国基金会收入的主要来源是社会捐赠，其均值占基金会资金来源总额的 67%。相对而言，市场收益、政府补助资金来源占比不高，分别为 11%、5%。从基金会资金来源分布

看，当前中国基金会更多依赖于社会捐赠收入，较小依赖于市场收益和政府补助资金。数据还显示中国基金会中含政治关联的占比为 18%、组织平均年龄为 6.87 年。上述结果与基金会总体数据结构保持一致，表明选取的样本能够较好地反映中国基金会的总体情况。①

表 2　主要变量描述性统计

Variable	N	Mean	SD	Min	Max
TC	3 231	14.11	2.43	0	21.83
SR	3 231	0.67	0.39	0	1
MR	3 231	0.11	0.25	0	1
PS	3 231	0.05	0.17	0	1
PC	3 231	0.18	0.24	0	1
GA	3 231	6.87	7.38	1	35

　　表 3、表 4 进一步报告了不同阶段成立的基金会在政治关联和资金来源方面的显著差异。在基金会发展早期政治关联现象普遍存在，第一阶段成立的基金会存在政治关联的比重高达 51%。随着基金会法律政策的出台及行业的规范，基金会政治关联的比重逐步递减，第二、三阶段成立的基金会政治关联状况分别是 30%、15%。从基金会资金来源的数据结构上可以看出，不同阶段成立的基金会在资金来源分布比重上存在显著差异。第一阶段成立的基金会在资金来源上几乎完全依赖于社会捐赠，而在市场收益、政府补助收入方面微乎其微。第二阶段成立的基金会在资金来源分布上有所变化，无论是在市场收益还是在政府补助收入方面都显著提高。第三阶段成立的基金会在资金来源结构上较之"第一阶段"有所平衡，较之"第二阶段"有所不足。总体而言，中国基金会资金来源主要依赖于社会捐赠，在市场收益、政府补助方面存在显著差异。

---

　　①　根据 http://ricf.org.cn/中 2015 年全国基金会数据显示，有政治关联基金会占比为 17.88%，无有政治关联基金会占比为 82.12%；基金会组织平均年龄为 6.09 年。

表3　不同阶段成立的基金会主要变量描述性统计

Variable	Part 1（1980—1988）				Part 2（1989—2004）				Part 3(2005—2015)			
	Mean	SD	Min	Max	Mean	SD	Min	Max	Mean	SD	Min	Max
TC	15.76	1.9	10.86	21.83	14.96	2.37	4.08	21.54	13.92	2.41	0	15.76
SR	0.83	0.28	0	1	0.56	0.39	0	1	0.70	0.38	0	0.83
MR	0.04	0.10	0	0.51	0.15	0.28	0	1	0.10	0.25	0	0.04
PS	0.04	0.12	0	0.87	0.08	0.22	0	1	0.04	0.16	0	0.34
PC	0.51	0.50	0	1	0.30	0.45	0	1	0.15	0.36	0	1

表4　不同阶段成立的基金会主要变量间的 *T* 检验

Variable	Part 1与 Part 2	Part 1与 Part 3	Part 2与 Part 3
	T 统计量	*T* 统计量	*T* 统计量
TC	2.86**	7.03***	8.63***
SR	6.47***	3.41**	−7.09***
MR	−5.96***	−4.19***	3.74***
PS	−2.49*	−0.47	3.87***
PC	2.94**	5.23***	6.60***

注：*、**、***分别表示在5%、1%、0.1%水平上显著。

表5提供了各变量之间的相关性分析。结果显示政治关联、组织年龄与基金会资金来源相互间呈正相关关系。三者还分别与基金会等级、登记部门、基金会类型、税收优惠资格、全职员工数五个控制变量显著相关。上述结果证实，政治关联、组织年龄与基金会资金来源密切相关。然而，要论证基金会政治关联存在代际效应，以及政治关联显著影响中国基金会资金来源，需要我们进行进一步验证和分析。

表5　主要变量间的相关系数

	SF	*PC*	*GA*	*FL*	*RA*	*FT*	*TP*	*FE*
TC	—							
PC	0.064***	—						

（续表）

	SF	PC	GA	FL	RA	FT	TP	FE
GA	0.207***	0.167***	—					
FL	0.277***	0.148***	0.175***	—				
RA	0.240***	0.089***	0.241***	0.638***				
FT	0.202***	0.288***	0.463***	0.052**	0.118***	—		
TP	0.236***	−0.014	0.264***	0.157***	0.224***	0.070***		
FE	0.361***	0.099***	0.236***	0.369***	−0.264***	0.176***	0.197***	—

注：*、**、***分别表示在5%、1%、0.1%水平上显著。

（二）实证结果与分析

表 6 考察了政治关联对基金会资金总量、社会捐赠、市场收益和政府补助收入的影响情况。模型(1)报告的数据显示，基金会资金总量受政治关联、组织年龄影响不显著，而与是否为公募基金呈显著正相关。模型(2)~(4)报告的数据显示，在基金会三个资金来源中仅社会捐赠受政治关联影响显著且呈负相关，系数的估计结果为−0.07。市场收益和政府补助收入受政治关联影响呈正相关，系数的估计结果分别为 0.017、0.027，其中政府补助收入受政治关联影响在 1% 的显著性水平下显著。总体上，政治关联对基金会资金总量影响不显著且呈负相关。由此可见，在基金会社会捐赠、市场收益和政府补助收入加总过程中不同渠道的资金会相互弥合和补充，从而造成有效信息的损耗，导致很多研究得出政治关联对基金会资金总量影响不显著的"虚假关系"。研究结果证实：尽管政治关联与基金会资金总量影响不显著，但基金会主要资金来源渠道仍受政治关联显著影响，即政治关联对基金会社会捐赠、政府补助产生显著影响。

根据模型(2)~(4)报告的数据显示，不同年份成立的基金会在社会捐赠、市场收益、政府补助收入方面总体上存在显著差异。相比制度完善阶段的基金会，成立在初步探索阶段的基金会社会捐赠显著减少 11.8%，市场收益显著增加 5.1%，政府补助减少 0.1%；成立在法制规范阶段的基金会社会捐赠显著增长 16.2%，市场收益显著减少 7.1%，政府补助显著减少 6.1%。从数据的结构可以看出，不同年份成立的基金会在社会捐赠、市场收益和政府补助收入上存在明显的优劣势：成立在法制规范阶段的基金会在社会捐赠上具有显著优势,而在市场收益获取方面呈现显著劣势;成立在初步探索阶段的基金会在市场收益获取上具有显著优势,而在市场捐赠上存在显著劣势。

表6 政治关联、组织年龄对基金会资金来源影响的估计结果

因变量	模型(1)	模型(2)	模型(3)	模型(4)
	TC	SR	MR	PS
PC	−0.159	−0.070***	0.017	0.027***
	(0.106)	(0.019)	(0.012)	(0.008)
GA				
GA_2	0.097	−0.118***	0.051***	−0.001
	(0.121)	(0.021)	(0.014)	(0.009)
GA_3	0.303	0.162**	−0.071*	−0.061**
	(0.306)	(0.054)	(0.035)	(0.023)
FL	−0.072	−0.081	0.123	0.007
	(1.103)	(0.194)	(0.127)	(0.084)
FT	0.662***	−0.084***	−0.013	0.087***
	(0.092)	(0.016)	(0.011)	(0.007)
FE	0.105***	0.009***	−0.002**	−0.001
	(0.007)	(0.001)	(0.0008)	(0.001)
RA				
RA_2	0.420	0.048	0.165	−0.011
	(0.374)	(0.065)	(0.043)	(0.029)
RA_3	0.310	0.055	0.025	−0.018
	(0.334)	(0.059)	(0.038)	(0.026)
RA_4	1.935	0.124	−0.029	−0.033
	(1.138)	(0.200)	(0.131)	(0.087)
TP				
TP_2	0.523***	0.0035	0.025*	−0.011
	(0.091)	(0.016)	(0.011)	(0.007)
TP_3	0.101	0.023	−0.002	−0.019
	(0.246)	(0.043)	(0.028)	(0.019)

（续表）

因变量	模型（1）	模型（2）	模型（3）	模型（4）
	TC	SR	MR	PS
TP_4	1.007***	0.042*	0.016	−0.014
	(0.112)	(0.020)	(0.013)	(0.086)
$Cons$	12.798***	0.009***	0.070	0.041
	(0.329)	(0.001)	(0.038)	(0.025)
$No.Obs$	3231	3231	3231	3231
$Adj\text{-}R_2$	0.2028	0.0495	0.0146	0.0664
R_2	0.1998	0.0460	0.0109	0.0629

注：① GA_1 表示制度完善（2004—2015）、GA_2 表示法制规范（1988—2003）、GA_3 表示初步探索（1981—1987）。

② 括号内为系数标准误差；*、**、***分别表示在5%、1%、0.1%水平上显著。

图2～图5、表7进一步揭示政治关联对基金会资金来源的影响还具有年代特征,存在"代际效应"。根据模型(5)～(7)报告的数据显示,在制度完善、法制规范阶段成立的基金会,基金会社会捐赠受政治关联影响显著且呈现负相关,系数的估计结果为−0.111、−0.159、−0.120;市场收益、政府补助收入受政治关联影响总体呈现正相关,系数的估计结果依次为0.043、0.082、0.016、0.029、−0.002、0.029。在初步探索阶段成立的基金会,基金会社会捐赠受政治关联影响呈正相关,系数的估计结果为0.033、0.201;市场收益、政府补助收入受政治关联影响呈负相关,系数的估计结果依次为:−0.046、−0.069、−0.031、−0.062。尽管政治关联会对基金会社会捐赠、市场收益、政府补助收入影响不同,但将其放置于不同年代背景下去考察时,我们发现:政治关联对基金会资金来源影响的同时还服从于"年代"特征,即成立于相同年代的基金会资金来源分布具有一致性,成立于不同年代的基金会资金来源分布具有差异性。由此可见,除政治关联会对基金会资金来源产生影响外,基金会所处的年代同样深刻影响着基金会的资金来源,并给基金会印上鲜明的时代特征。

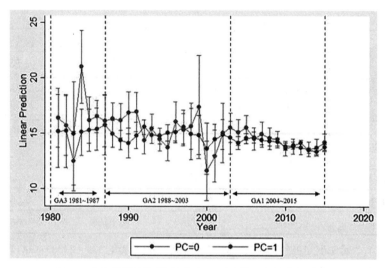

图 2　政治关联不同的基金会 *TC* 随成立年份变化趋势

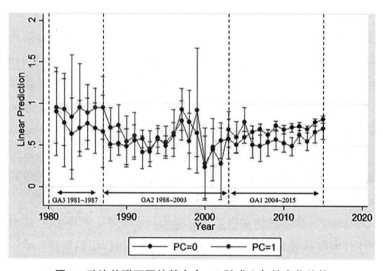

图 3　政治关联不同的基金会 *SR* 随成立年份变化趋势

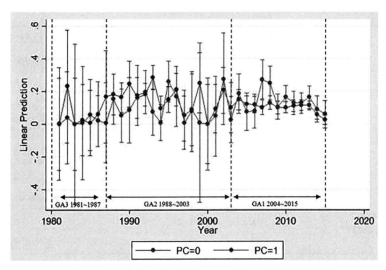

图 4 政治关联不同的基金会 MR 随成立年份变化趋势

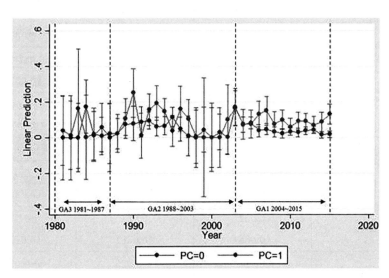

图 5 政治关联不同的基金会 PS 随成立年份变化趋势

表 7 政治关联与组织年龄对基金会资金来源影响的估计结果

因变量	模型(5)	模型(6)	模型(7)
	SR	MR	PS
GA×PC			

109

(续表)

因变量	模型(5)	模型(6)	模型(7)
	SR	*MR*	*PS*
$GA_1 \times PC_1$	−0.111***	0.043**	0.029**
	(0.021)	(0.014)	(0.009)
$GA_2 \times PC_0$	−0.159***	0.082***	−0.002
	(0.025)	(0.016)	(0.011)
$GA_2 \times PC_1$	−0.120***	0.016	0.029
	(0.036)	(0.023)	(0.015)
$GA_3 \times PC_0$	0.033	−0.046	−0.031
	(0.075)	(0.049)	(0.032)
$GA_3 \times PC_1$	0.201**	−0.069*	−0.062*
	(0.075)	(0.049)	(0.033)
FL	−0.079	0.123	0.006
	(0.193)	(0.126)	(0.084)
FT	−0.077***	−0.016	0.087***
	(0.016)	(0.010)	(0.007)
FE	0.008***	−0.002*	−0.001
	(0.001)	(0.009)	(0.0006)
RA			
RA_2	0.046	0.017	−0.011
	(0.065)	(0.042)	(0.028)
RA_3	0.052	0.027	−0.018
	(0.058)	(0.038)	(0.025)
RA_4	0.117	−0.025	−0.033
	(0.120)	(0.130)	(0.087)
TP			
TP_2	0.003	0.025*	−0.011
	(0.016)	(0.010)	(0.007)
TP_3	0.0249	−0.005	−0.019
	(0.043)	(0.028)	(0.019)

（续表）

因变量	模型(5)	模型(6)	模型(7)
	SR	MR	PS
TP_4	0.046*	0.013	-0.014
	(0.0197)	(0.013)	(0.009)
$Cons$	0.651***	0.065	0.041
	(0.057)	(0.038)	(0.025)
$No.Obs$	3231	3231	3231
$Adj\text{-}R_2$	0.0545	0.0190	0.0669
R_2	0.0504	0.0148	0.0629

注：① GA_1 表示制度完善（2004—2015）、GA_2 表示法制规范（1988—2003）、GA_3 表示初步探索（1981—1987）。

② PC_0 表示基金会负责人中不含国家工作人员、PC_1 基金会负责人中含国家工作人员。

③ 括号内为系数标准误差；*、**、***分别表示在5%、1%、0.1%水平上显著。

五、研究结论与讨论

在重新审视政治关联对基金会资金来源影响后，研究发现："政治印记"与"代际差异"是中国基金会发展的基本特征，政治关联在中国基金会发展过程中普遍存在作用。当前阶段，尽管政治关联对基金会资金总量、市场收益的影响已经不显著，但对基金会社会捐赠、政府补助等非市场因素主要资金来源仍产生显著影响。此外，中国基金会资金来源还存在"代际效应"，即基金会资金来源受政治关联、组织年龄的影响，不仅存在年代内的共性，还存在年代间的差异。成立在初步探索阶段的基金会受政治关联影响最为深刻，政治关联将长期持续影响着基金会社会捐赠和市场收益能力。成立于法制规范和制度完善阶段的基金会，制度对政治关联起到了约束作用，既限制政治关联的负面影响，又发挥了政治关联的支持与筛选性功能，具体表现为政治关联仅在基金会成立早期发挥支持性功能，过度依赖政府支持会显著减少基金会社会捐赠收入。总体而言，政治关联对中国基金会资金来源影响不能作简单的"一刀切"判断，即影响显著与不显著。中国基金会经历了四十年发展，不同"年龄层"的基金会已经形成了不同组织禀赋。政治关联对基金会资金来源的影响与"组织年龄"紧密相关,其深层逻辑是基金会所经历的不同时代的制度环境差异带来了组织禀赋差异。

(一)政治性的赋能:政治关联对基金会资金来源的持续影响

政治关联具有延续性的特征,一旦组织建立了稳定的政治关联,它将长期影响着组织的资源禀赋。成立在初步探索阶段的基金会,其政治关联至今仍显著影响着基金会的资金来源。在社会捐赠方面,政治关联能够为基金会提供较强的公信力资源,通过政治性赋能使基金会在社会捐赠吸纳上处于优势地位。在基金会发展过程中,一方面它需要不断调试与政府之间的关系,另一方面又需要适应不断变化的制度规范、社会发展以及公众期望。基金会在长期借力政治赋能过程中,也会逐步完善自身的制度与治理结构,形成政治关联带来的资源禀赋,例如组织信誉、项目模式、资源网络规范化和趋同化等。同样,长期依赖于政府资源的转化,在一定程度上也阻碍了基金会市场运作能力,数据结果表明有政治关联相较于无政治关联的基金会在市场收益上显著减少。进一步讲,政治关联对中国早期成立的基金会发展的影响更是深刻的、长期的、决定性的。

(二)制度规范对政治关联的筛选功能与规制作用

制度规范能够有效制约政治关联的"越位"介入,发挥对政治关联的筛选功能与规制作用,推动基金会的合理竞争和良性发展(施从美、黄刚,2018)。1988年中国《基金会管理办法》的颁布,标志着中国基金会的发展和管理工作开始纳入法制化的轨道。尽管《基金会管理办法》内容相对粗略,但它确实成为中国基金会发展的"分水岭"(陶传进、刘忠祥,2011)。《基金会管理办法》从内容上规定了现职的政府工作人员不得兼任基金会的领导成员,在一定程度上限制了政府工作人员对基金会的干预,保障了基金会相对独立的发展。表8结果显示,《基金会管理办法》颁布前后成立的基金会其资金来源受政治关联影响存在显著差异,这从另一个层面也证实了制度规范对政治关联起到了制约作用。

政治关联并非完全负面效应,它可以在组织发展早期发挥支持性功能。图2~图5表明,近十年内成立的基金会,政治关联能够有效增加其市场收益和政府补助收入。基金会较之其他组织类型更加依赖于资金资源,在其早期发展阶段需要借助政府公信力、依靠优惠政策以获取必要生存资源。然而,政治关联在发挥支持性功能的同时，又容易造成基金会对政府的"过度"依赖，弱化基金会市场竞争、自我发展能力。因此，应该区分政治关联的支持性功能的正负效应，让其具有"选择性"和"时限性"，既选择性地支持提供公共产品和公共服务，促进社会公益的基金会，又要有时限性地支持、帮扶具有发展潜力的基金会。

（三）基金会良性发展的政策启示

基金会的发展离不开法律制度的保障与约束，也离不开政府政策支持和购买服务等手段，二者在具体实施过程中并非同步进行，而是制度规范先于政府政策的出台。基金会发展历程表明，在缺乏制度规范保障的前提下政府政策极易被"曲解"，支持性的功能不但不能实现，反而容易成为新事物"混乱"的催化剂。同样，在新事物发展过程中及时出台制度规范十分重要，而非等待一部完善且成熟的法律法规（施从美，2016）。1988 年《基金会管理办法》的及时出台，规制了基金会领域出现的"乱象"，对基金会的发展起到了纠偏的作用，避免了更为严重后果的产生。

近年来，中国基金会出现了一些新特点和新趋势：自下而上的企业、社区基金会正在快速发展，中国基金会基本组织生态正在形成。国家在关于规范和推动基金会发展方面制定了一系列政策，包括出台规范慈善组织年度支出和管理经费的规定、实施信息公开、提高信用和名声等。同样，在推动基金会发展过程中国家还需要考虑中国基金会代际差异，制定的政策可以分层级、多阶段，鼓励和支持基金会的发展。例如，在税收方面给予新成立的基金会以限时的政策优惠；在信用方面可以通过定期公布信用值及排名，鼓励信用良好的基金会，督促信用落后的基金会。此外，中国基金会还可以通过联盟形式，鼓励基金会之间的交流与合作，并逐步实现基金会行业内部的自律。

社会公益不会离开其他领域的改革单独前行，而是嵌入在整个国家治理和社会发展的宏观背景中的。基金会的转变并非仅限于其单一领域的发展，而是政治、经济、社会的总体反映。它一方面取决于基金会能否保持稳定高速的增长，尤其是非公募基金会数量的增加，企业、公众开始参与到基金会的筹建；另一方面取决于政府政策支持以及社会财富增加。2016 年 9 月实施的《中华人民共和国慈善法》打破了原来公募与非公募基金会的固定类型划分，将是否符合内部治理结构健全、运作规范作为是否发给公募捐赠资格证书的条件，规范和引导了基金会的健康发展。基金会作为社会组织三大类型之一，它的增长和规范还对改善社会组织结构类型、完善社会组织内部生态结构起到了至关重要的作用（黄晓勇，2017）。经历了三十多年的发展，中国的基金会取得了长足进步。然而，在审视三十多年沉淀下来的基金会时，我们发现基金会在政府主导、行政化推动过程中极易形成"负面效果"的政治关联且影响深远。同时，我们也看到基金会行业市场化、政策法规制度化能够促进制度环境和行业生态的形成，最终推动中国基金会的良性发展。

参考文献

丁波，2008.当代中国基金会发展问题研究[J].经济纵横（3）：59 - 61.

胡旭阳，2006.民营企业家的政治身份与民营企业的融资便利——以浙江省民营百强企业为例[J].管理世界（5）：107 - 113.

黄晓勇，蔡礼强，2017.中国社会组织报告（2016—2017）[M].北京：社会科学文献出版社.

贾明，张喆，2010.高管的政治关联影响公司慈善行为吗？[J].管理世界（4）：99 - 113.

林闽钢，2007.社会资本视野下的非营利组织能力建设[J].中国行政管理（01）：42 - 44.

施从美，2016.公益创投：来自欧洲的社会组织管理创新及启示[J].国外社会科学（6）：104 - 112.

施从美，黄刚，2018.中国发展型志愿服务记录制度的建构——基于理性选择制度主义分析视角[J].江苏社会科学（3）：81 - 88.

宋程成，蔡宁，王诗宗，2013.跨部门协同中非营利组织自主性的形成机制——来自政治关联的解释[J].公共管理学报（4）：1 - 11.

陶传进，刘忠祥，2011.中国基金会导论[M].北京：中国社会出版社：84 - 85.

王名，2007.改革民间组织双重管理体制的分析和建议[J].中国行政管理（4）：62 - 64.

王名，徐宇珊，2008.基金会论纲[J].中国非营利评论（1）：16 - 18.

王名，朱晓红，2009.社会组织发展与社会创新[J].经济社会体制比较（4）：121 - 127.

谢宝富，2003.当代中国公益基金会与政府的关系分析[J].中国社会科学院研究生院学报（4）：64 - 69.

徐宇珊，2008.非对称性依赖：中国基金会与政府关系研究[J].公共管理学报（1）：33 - 40.

徐政，2006.中国公益基金会的发展历程及其存在的问题[J].中国青年政治学院学报（5）：114 - 118.

颜克高，罗欧琳，2016.政治关联能改善基金会的资源状况吗？——来自中国305家基金会的实证研究[J].中国非营利评论（2）：78 - 82.

袁建国，后青松，程晨，2015.企业政治资源的诅咒效应——基于政治关联与企业技术创新的考察[J].管理世界（1）：139 - 155.

赵峰，马光明，2011.政治关联研究脉络述评与展望[J].经济评论（3）：151 - 160.

BANKER R D, DATAR S M, 1989. Sensitivity, precision and linear aggregation of signals for performance evaluation[J]. Journal of Accounting Research: 21 - 39.

DETOMASI D, 2008. The political roots of corporate social responsibility[J]. Journal of Business Ethics(82): 807 - 819.

HANOCH G, HONIG M, 1985. True' age profiles of earnings: adjusting for censoring and for period and cohort effects [J]. Review of Economics and Statistics (3): 383 - 394.

LAI W, ZHU J, LIN T, et al, 2015. Bounded by the state: Government priorities and the development of private philanthropic foundations in China [J]. The China Quarterly 224: 1 - 10.

MCGINNIS JOHNSON J, NI N, 2015. The impact of political connections on donations to Chinese NGOs [J]. International Public Management Journal (4): 514 - 535.

PFEFFER J, SALANCIK G R, 2003. The external control of organizations: a resource dependence perspective[M]. Stanford University Press, 757 - 759.

WEI, QIAN, 2016. From direct involvement to indirect control? A multilevel analysis of factors influencing Chinese foundations capacity for resource mobilization [J]. Voluntas International Journal of Voluntary & Nonprofit Organizations (4): 762 - 778.

"Political Imprint" and "Intergenerational Differences":
Re-examine the Impact of Political Connections on the Source of Foundation Funds
——Empirical Analysis Based on Data from 3, 231 Chinese Foundations

Huang Gang   Shi Congmei

Abstract: Chinese foundations have long been considered to be politically connected, but the latest research shows that the source of funds of Chinese foundations is no longer significantly affected by political connections. So, what is the "real relationship" between the source of funds of the Chinese foundation and the political connection? Has the political relevance of the funding sources of Chinese foundations weakened or even eliminated? Based on the data of 3231 Chinese foundations collected by the China Foundation Research Fundamental Database (RICF 2017), an analysis of the funding sources of Chinese foundations from the perspective of political connections and intergenerational effects found that political connections are common in the development of Chinese foundations. At the current stage, although political connections have no significant impact on the total amount of foundation funds and market revenue, they still have a significant impact on the main sources of funds such as foundation social donations and government subsidies that are not market factors. In addition, the sources of funds for Chinese foundations also have "generational effects", that is, the sources of funds for foundations of different organizational ages are affected by political connections, and there are not only commonalities within the age but also differences between the ages. In general, Chinese foundations have experienced 40 years of development, and different "age groups" of foundations have formed different organizational endowments due to the influence of the institutional environment of different eras.

Key words: political connection; intergenerational effect; foundation; source of funds; system regulation

数据库介绍

中国规模以上工业企业数据库面板的构建方法[*]

史冬波　　张子江^{**}

一、中国规模以上工业企业数据库概要

中国规模以上工业企业数据库全称为"全部国有及规模以上非国有工业企业数据库"(后文简称"工企库"),由国家统计局建立,其样本范围包括规模以上的国有与非国有工业企业,统计单位为企业法人。中国工业企业数据库中的数据主要来自样本企业提交给当地统计局的季报和年报汇总,数据库每年更新一次。

数据库涵盖了国民经济行业分类^①中的"采掘业""制造业"以及"电力、燃气及水的生产和供应业"三个门类,其中以制造业为主,占比达到90%以上。1998—2006年,工企库收录了上述行业所有的国有以及每年的主营业务收入(以销售额测算)超过500万元的非国有企业。2007—2010年起,工企库收录了主营收入超过500万元的国有企业与非国有企业。2011年工企库进一步提高标准,改为收录主营业务超过2 000万元的国有企业与非国有企业。由于这一调整很大程度上改变了数据库的结构,因此,学术界做研究时普遍使用1998年至2011年的数据(杜威剑、李梦洁,2015;邵宜航、步晓宁、张天华,2013;杨

---

  * 本研究得到自然科学基金青年项目(编号71704107)以及上海市创新政策评估基地的支持。

  ** 史冬波(1989—),男,上海交通大学国际与公共事务学院特别副研究员,研究方向为创新经济学、战略管理,Email:shidongbo@sjtu.edu.cn。张子江(1996—),男,上海交通大学国际与公共事务学院硕士研究生。

① 国民经济行业分类由国家统计局起草,国家质量监督检验检疫总局、国家标准化管理委员会批准发布,最新一版发布于2017年。其规定了全社会经济活动的分类与代码,共包括20个门类,文中提到的"采掘业""制造业"以及"电力、燃气及水的生产和供应业"是其中的三个门类。

汝岱，2015;杨洋、魏江、罗来军，2015)。

表 1　规模以上工业企业数据库收录企业数量(1998—2013)

年份	企业数量(家)
1998	165 118
1999	162 033
2000	162 885
2001	171 259
2002	181 557
2003	196 223
2004	279 003
2005	271 835
2006	301 962
2007	336 768
2008	412 229
2009	300 756
2010	336 197
2011	302 594
2012	324 604
2013	344 875

规模以上工业企业数据库具有范围广、信息多、信度高等优势。第一,样本量大。2006 年之前该数据库涵盖了全国所有的国有工业企业和规模以上的非国有工业企业,观测值总数超过 200 万个。2006 年之后,尽管数据库改变了收录标准,但是每年收录的企业数目依然超过 30 万个。在统计学或计量经济学的范畴下,大样本具有降低估计误差,提升估计效率等优势。第二,指标多。该数据库涵盖了企业的两类信息:一类是企业的基本情况,另一类是企业的财务数据。企业的基本情况包括:法人代码、企业名称、法人代表、联系电话、邮政编码、具体地址、所属行业、注册类型(所有制)、隶属关系、开业年份和职工人数等指标。企业的财务数据则包括:流动资产、应收账款、长期投资、固定资产、累计折旧、无形资产、流动负债、长期负债、实收资本、主营业务收入、主营业务成本、营业费用、管理费用、财务费用、营业利润、利税总额、广告费、研究开发费、工资总额、福利费总额、增值税、工业中间投入、工业总产值和出口交货值等指标。全部指标超过 200 个,比较全面地反映了企业的市场进入、投资、借贷、广告、研发、出口等行为和企业的短期与长期经营绩效,并且企业加

总数据反映出企业所处行业或地区的市场结构(1998 年至 2013 年的变量信息整理于云盘"字段说明"文件)。第三,信度高。中国工业企业数据库是每年国家统计局及其下属机构的工业统计成果,是全国所有规模以上工业企业上报统计部门的原始报表汇总,因此数据具有极高的真实性。

因此,规模以上工业企业数据库一经推出便被国内外学者广泛运用于中国的经济与管理研究中。据笔者统计,中国工业企业数据库自 2007 年开始被应用于各类研究中,到 2020 年底为止已有 3 444 篇使用该数据库的中文期刊论文[①],其中 CSSCI 期刊论文占比高达 87.69%。

虽然规模以上企业的数据库的使用如此广泛,但是数据库本身还是存在各种各样的问题,可能会影响相关研究的质量与结论的可靠性。更重要的是,尽管已经有学者撰文指出了该数据库存在的问题(聂辉华、江艇、杨汝岱,2012;陈林,2018),但截至目前仍没有一个公开的解决方案,以及解决相关问题后的数据库开源给学术共同体使用。

鉴于该数据库的重要性,以及对我国社会科学研究透明度与可复现性的责任(Christensen G and Miguel E,2018),本文特意梳理了规模以上工业企业数据库存在的主要问题,并针对相关问题提出了我们的解决方法。更重要的是,作者将会在个人网页上开源本文解决方案的源代码,以及基于该方案所构建的规模以上工业企业面板数据。希望这一尝试可以规范规模以上工业企业数据库的使用,提升相关研究的质量与可复现性。

二、中国规模以上工业企业数据库的问题

规模以上工业企业数据库作为一个基于年报汇总的、多年度的大型数据库,由于时间跨度大且每年独立进行数据采集,因此不可避免在数据收取或存储中出现一些问题,具体来说包括样本错配、指标缺失、指标异常、样本选择和测度误差等。

(一)样本错配

在研究实践中,研究人员往往需要将不同年份的企业构造成面板数据。尽管数据库为每一个企业分配了法人代码,但存在法人代码与企业名称无法

---

① 中国知网(CNKI)数据库内 2007—2020 年全文包含"工业企业数据库"的期刊论文。

——对应的情况,这种错误便是样本错配。一方面,同一家企业在不同年份中的法人代码可能不统一,因此当我们使用法人代码作为识别企业的唯一途径时便会将一家企业误认为多家企业;不同企业的法人代码也有可能重复,因此当我们使用企业法人代码识别企业时便容易将不同的企业误认为同一家企业。据本文统计,样本错配情况涉及约 540 家企业。

(二)指标缺失与异常

指标缺失指某些变量指标在若干年份的数据中缺失的情况,这是由于工业企业数据每年统计的口径和对象并不完全一致造成的。在笔者整理的变量列表中可以看到,尽管工业企业数据库涉及的指标超过了 200 个,但仅有 37 个指标在 1998—2013 年间每一年度的数据均有出现。一些重要的指标,如"全部从业人数""工业总产值"和"资产总计"等都在若干年份出现了或多或少的缺失现象。指标异常代表指标出现了异常值的情况,如果一个指标中出现了较多异常值,则这一指标很难被用到实证研究中。

(三)样本选择

样本选择问题来源于统计局的统计口径从 1998 年到 2013 年的变化。"规模以上"最初指代全部的国有企业与每年的主营业务收入(即销售额)在 500 万元及以上的非国有企业。2007 年每年主营收入在 500 万元以下的国有企业被从样本中删去,数据库仅包括每年主营收入在 500 万元以上的企业。2011 年这一标准改为 2 000 万元及以上。因此整个数据库在 2007 年和 2011 年两个时间节点上会发生样本规模的变化,需要在实际使用过程中注意。

(四)测度误差

测度误差指同一个指标在不同企业或不同年份中存在测度方法上的差异。由于工业企业数据库的数据采集方式是由企业通过年报和定期上报的方式将数据报告给统计局,然后统计局再进行汇总,因此数据会在这一过程中出现测度上的差异。

在这些问题中,样本错配问题危害最大,一旦使用者无法通过法人代码正确识别每一家企业,便意味着所有包含错配样本的研究都不具备稳健性。由于工业企业数据库主要基于每年汇总的企业年报数据进行统计,每一年度的数据采样都独立进行,并不考虑前后统一,因此在不同年份中正确识别出某一企业并不轻松。如果我们无法为每一企业设定唯一 ID 或无法精确识别每一企业在各个年度中的数据的话,也就无法基于企业样本探索每一家企业在长时间跨度中的数据变化。在目前的中国工业企业数据库中,并没有一个唯一特征能够帮助我们识别每个样本企业,即便是企业法人代码,也存在着多家企业共用一个法人代码或一家企业拥有多个法人代码(企业重组或改制)的情况。因此,在使用工业企业数据库前,我们需要首先解决样本错配的问题。而如指标缺失与异常等问题,也会影响使用者在研究中的变量选择范围,样本选择与测度误差两个问题较为容易识别,需要使用者注意即可。因此,本文主要聚焦中国规模以上工业企业样本匹配问题的解决。

三、中国规模以上工业企业数据库的样本匹配

关于中国规模以上工业企业数据库的样本匹配,已有一些学者进行了方法上的探索。

Brandt 等人在研究中国制造业企业的生产力增长时,以 1998—2007 年的规模以上工业企业数据为基础构建面板(Brandt L,Van Biesebroeck J,and Zhang Y,2012)。方案的第一步是匹配连续两年之间的企业数据。首先,将所有的企业代码中的英文字母转换成大写形式,然后使用企业代码进行企业的配对。其次,对于那些无法通过企业代码配对的企业,会使用额外的信息来配对,包括企业名称、法人代表名称、地理代码、行业代码、成立年份、电话号码、地址、主要产品等多种组合。方案的第二步是匹配连续三年之间的企业数据。由于规模以上工业企业数据时间跨度较长,企业可能会从样本中消失,然后重新进入,因此需要将这些重新进入的企业与前几年的企业配对。例如,年份 1 的企业 A 在前一个阶段中未能与年份 2 中的任何一家企业配对,但却能够与年份 3 中的企业 C 配对成功。这家企业 C 恰好与年份 2 中的企业 B 配对成功,那么就认为年份 1 中的企业 A 与年份 2 中的企业 B 是同一家企业。方案的最后一步是拼接所有第二步产生的数据,最终形成一个面板数据。

Brandt 的方案能够在一定程度上处理企业跨期匹配的问题,也被之后许多研究者参考,但本文认为该方案仍有三个方面可以改进。首先,Brandt 在方案中曾提到过每年的企业数据中有 10～30 家企业存在着企业代码重复的现象,但未在方案中提及如何处理这些重复的企业 ID。其次,Brandt 方案有可能会产生匹配过宽的问题。Brandt 对于企业信息的使用较为宽松,利用企业名称、法人代表名称、地理代码、行业代码、成立年份、电话号码、地址、主要产

品等多种组合进行匹配。其中，"地理代码＋行业代码＋成立年份＋主要产品"这种组合形式，忽视了同一地方可能有不同企业从事同一行业的问题，使得不同的两家企业被匹配成同一家，引发新的样本错配。最后，Brandt方案仅使用连续年份之间的数据处理企业重新进入的问题，容易遗漏一些从样本消失多年后重新进入的企业。例如，如果年份1的企业A在年份2、3、4均未出现，在年份5重新出现，更名为企业C，那么根据Brandt的方案，企业A与企业C将无法建立链接。

样本错配问题在聂辉华等人的文章中也被提及，聂建议使用者将企业按照企业代码和企业名称分别进行两次分组，考察同一名称组下的企业是否分属于不同的代码组。若是，则将这些不同代码组内的所有企业都归为一组（对每一名称组都依此进行操作，不断重新归组，可以称之为"交叉匹配"）；若新组内没有年份重复的观测值，则将这一组样本点识别为同一家企业；若新组内存在年份重复的观测值，则进入下一步人工识别。人工识别会根据数据特征和基本信息进行综合判断，确定保留哪一个样本（聂辉华、江艇、杨汝岱，2012）。

聂辉华的方案能够在为每一家企业与其企业代码建立对应，但仍有两个方面可以继续改进。首先，聂的方案可能会产生新的样本错配。在"交叉匹配"中，如果我们发现某一个名称组下的企业分属不同的代码组，则需要将这些代码组内的所有企业都归为一组。而这些代码组中的企业是否为同一家并没有得到检查。方案中唯一的处理方式是根据新组内是否出现年份重复来确定是否进行人工识别，那么一旦有不同企业共享同一个企业代码，且不存在年份重复的观测值，就会被自动归入同一名称组下，进而污染样本，产生新的样本错配。其次，聂的方案工作量较大。由于方案要求使用者将所有的企业根据企业代码和企业名称进行分组，针对每一个企业名称进行交叉匹配。在实际操作过程中，即使前面已经根据交叉匹配完成了部分企业名称组的重组，在处理后面的名称组时，依然可能涉及前面已经重组完的样本，因此整个方案的工作量是一个固定值。

尹恒等在Brandt的基础上扩展出了一种方案。第一步是利用企业代码在任意两个年份间进行精确匹配，为保证准确，还要求代码相同的企业在企业名称、法人代表姓名、地址、电话号码、邮政编码、行业代码和开业年份等7项信息中至少一项完全相同。第二步是对剩余的样本利用企业代码之外的信息在任意两个年份之间匹配，用于识别的信息是在之前提到的企业7项信息中挑选了共 25 种组合[①]。第三步是构建面板,同时检验第二步匹配中可能发生的错误(尹恒、杨龙见,2014)。

尹恒等的方案对 Brandt 的方案进行了大幅度的完善和细化,但仍存在可以改善的环节。首先,第一步中方案处理了每年数据中的企业代码重复问题,但遗漏了对每年数据中企业名称重复但代码不同这种情况的处理,容易导致重复匹配的问题。其次,针对方案的第二步,具体如何使用前面提到的 25 种识别信息组合来匹配企业样本,并没有得到具体的阐述,例如不同的识别信息组合如何安排操作顺序,或是当不同的识别信息组合针对同一家企业给出了冲突的匹配结果时该如何处理等。另外,该方案的准确率非常高,但由于识别信息组合的存在,该方案的工作量也较大,如何在准确率和工作量之间取得更好的平衡也是下一步值得探讨的方向。

纵观目前针对工业企业数据库样本匹配的解决方案,我们发现现有的方案很难在准确率和工作量之间取得平衡,也缺乏一个透明的从原始数据到可用的面板数据的系统方案。因此为了正确使用中国工业企业数据进行多年度的企业微观研究,本文旨在示范如何建立一个符合数据标准、跨年度统一的面板数据供其他研究者参考。

四、中国规模以上工业企业数据库面板的构建

针对中国规模以上工业企业数据库面板的构建,本文设计了逐年校对的方案。具体的思路是,以 1998 年工业企业数据为基准,将每年的工业企业数据与之前年份的企业数据做匹配,通过前后 ID 的匹配,建立起每家企业在工业企业数据库中的时间链条,从而构建面板数据。这样做的好处是大多数企

---

① 25 种组合为:企业名称+省市县 6 位代码的前 4 位(即同一省、市);企业名称+开业年份的后两位数字(企业一般填写 4 位,如 1980,也有只填后两位的,如 80);企业名称+邮编;企业名称+行业代码;企业名称+法人姓名;企业名称的后 9 个字符+开业年份+企业地址;企业名称的后 9 个字符+法人姓名+省市县 6 位代码的前 4 位;企业名称的后 9 个字符+省市县 6 位代码的前 4 位+固定电话号码;企业名称的倒数第 14~9 个字符+开业年份;企业名称的倒数第 12~5 个字符+法人姓名+省市县 6 位代码的前 4 位;企业名称的倒数第 12~5 个字符+固定电话号码;企业名称的倒数第 13~9 个字符+行业代码+邮编;企业名称的倒数第 12~5 个字符+行业代码+邮政编码;企业名称前 8 个字符+开业年份+邮编;企业名称前 8 个字符+法人姓名;企业名称前 8 个字符+固定电话号码;企业名称前 13 个字符+行业代码+邮编;法人姓名+固定电话号码;法人姓名+行业代码+开业年份+省市县 6 位代码;法人姓名+邮编+开业年份;法人姓名+邮编+行业代码+省市县 6 位代码;固定电话号码+行业代码+省市县 6 位代码+开业年份;固定电话号码+邮编+开业年份;企业地址+行业代码+开业年份+省市县 6 位代码;企业代码的前 6 位+法人姓名+行业代码。

业未出现样本错配问题,仅需要简单地进行年份之间的匹配即可建立面板数据。少数企业出现样本错配问题,此时再进行人工介入,工作量大幅下降。在任一年份处理每一个错配样本时,我们会相应地修改该样本在后续年份的记录,同一组错配的企业仅会出现一次,因此工作量可以逐年递减。本方案分为三个环节,数据去重(见图1)、跨年匹配、面板构建。具体步骤如下:

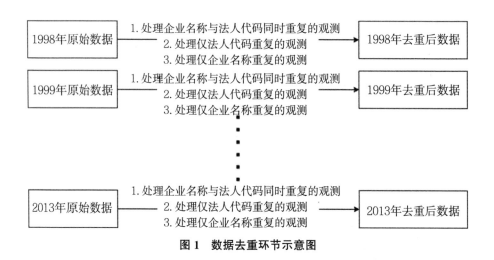

图1 数据去重环节示意图

(一)处理企业法人代码和企业名称同时重复的观测

方案的第一步是处理每一年的原始数据中企业名称和企业法人代码同时重复的样本,这些样本是纯粹的重复观测。我们根据企业法人代码和企业名称对原始数据进行分组,如果在一个组别中出现了多于1条的样本记录,我们会保留含有效非零变量最多的那一条记录。

(二)处理企业法人代码相同但企业名称不同的观测

处理完每一个年度中的企业名称和企业法人代码同时重复的企业样本后,我们继续处理每一个年度数据中仅企业法人代码重复的企业记录,也即不同企业共享了同一个法人代码。

我们从1998年开始,首先筛选出该年度中企业法人代码重复的企业记录。针对某年度中每一个出现重复记录的法人代码,我们会抽取这一法人代码在所有年份中的企业记录,进而判断如何处理这一法人代码。这里出现的情况共有3种:①共享同一法人代码的两家(或多家)企业,如果根据法人、固定电话、行业门类等信息判定应是同一家企业的,我们会在所有出现重复的年份中保留含非零变量最多的企业记录。例如,1999 年数据中"大同市驻察右前旗铁合金厂""察右前旗大同云中铁合金工业总公司"共享了同一个法人代码"116782825"。我们抽取"116782825"这一法人代码在 1998 年到 2013 年所有年份的企业记录,发现仅有这两家企业拥有这一法人代码,且这两家企业名称近似、固定电话相同,判断应是同一家企业,因此我们对 1998 年到 2013 年所有存在多个"116782825"记录的年份做处理,保留这些年份数据中含有效非零变量最多的企业记录。这样,我们使得"116782825"这一法人代码在各年数据中均只有唯一记录。②共享同一法人代码的两家(或多家)企业,如果根据法人、固定电话、行业门类等信息判定不是同一家企业的,我们会抓取企业名称中的关键字,粗糙查找所有年份中涵盖这些关键字的企业记录。如果此时我们根据这些企业记录能够确定这些冲突企业的法人代码,我们会将所有年份中这家企业的法人代码统一。例如,我们在 1999 年工业企业数据中发现法人代码"215450914"分别对应有"万源市橡胶厂""安龙县农机厂"两家企业。我们首先查找法人代码"215450914"在所有年份中的企业记录,确认这一代码在 1998 年时已被"安龙县农机厂"使用,而"万源市橡胶厂"从 1999 年开始才使用这一代码,因此我们需要查找"万源市橡胶厂"是否有其他的法人代码记录。此时,我们从"万源市橡胶厂"中提取"万源""橡胶"两个关键词,查找所有同时包含这两个关键词的企业记录,发现"万源市橡胶厂"在 1998 年时的法人代码为"VS3780345"。因此,我们对 1998 年到 2013 年间所有法人代码为"215450914"的"万源市橡胶厂"记录进行了修改,将法人代码替换为"VS3780345"。这样,我们使得两家企业的法人代码不再冲突。③在上一种情况中,如果我们此时无法根据企业记录确定冲突企业的法人代码时,我们会通过修改其中一家(或多家)企业的法人代码,保证这些冲突企业各自拥有不同的法人代码。例如,我们在 1999 年工业企业数据中发现企业法人代码"133789009"分别对应有"河北省石家庄市冀中葡萄糖厂"和"上海浦东天象石材厂"两家公司,为此我们把所有年份中法人代码为"133789009"的企业记录全部抽取出来。结果确认"河北省石家庄市冀中葡萄糖厂"在 1998 年已使用这一法人代码,而之后对于"上海浦东天象石材厂"的查找显示该企业最早在 1999 年出现在数据中,且无其他法人代码记录。因此,我们在 1998 年到 2013 年的所有年份中,将所有法人代码为"133789009"且名称为"上海浦东天象石材厂"的企业的法人代码均改为"133789009-2",以此区别两家公司。

至此,在各年份中每一个企业法人代码都唯一对应了一个企业。

（三）处理企业名称相同但企业法人代码不同的观测

处理完每一个年度中的企业代码相同但企业名称不同的企业样本后,我们继续处理每一个年度数据中仅企业名称重复的企业记录,也即同一家企业存在不同的法人代码。

我们从1998年开始,首先筛选出该年度中企业名称重复的企业记录。针对某年度中每一个存在不同法人代码的企业名称,我们会考察每一个法人代码在所有年份的记录,并保留年份记录最多的法人代码,删去其余法人代码在各年份的记录。举例说明,我们在1998年的数据中发现"北京汇源食品饮料有限公司"存在两个不同的法人代码"102525123"和"706777428"。因此我们查询了这两个法人代码在各年份的记录,发现"102525123"存在着15条记录,在1998年到2013年所有年份的数据中都出现,而"706777428"仅在1998年到2002年的数据中出现,因此我们删去了各年份中"706777428"的观测值,保留"102525123"作为"北京汇源食品饮料有限公司"的唯一法人代码。以此类推,我们在每一个年份中都如此处理重复记录。

至此,在各年份中每一个企业名称都唯一对应了一个企业代码。

（四）跨年匹配

在每一个年度中的重复法人代码和重复企业名称问题解决后,我们将每一个年份的企业数据与该年份之前的企业数据建立匹配,在这一步中每两个年度之间我们会进行两轮匹配。

首先,我们会根据企业法人代码,将某一年度的企业数据与前一个年度的企业数据进行精确匹配,并在两个年度的数据中分别去除已经匹配成功的数据。

其次,我们利用企业名称对未配对成功的企业进行第二轮匹配。由于中文企业名称包含多种数字符号与企业标识词会影响匹配效果的干扰因素,我们对进入该匹配流程的所有企业名称进行处理,去除所有的符号、数字和标识词[1]。我们根据修改过的企业名称进行精确匹配,作为第二轮匹配的结果。由于匹配的基准是我们修改处理后的企业名称,因此会存在"一配多"的可能性,

---

[1] 国家(地区)类识别词包括:菲律宾、西班牙、维尔京群岛、文莱、法国、意大利、塞舌尔、安圭拉、埃及、马来西亚、加拿大、印度尼西亚、南非、巴拿马、毛里求斯、泰国、萨摩亚、澳大利亚、中国澳门、韩国、中国香港、荷兰、美国、俄罗斯、英国、英属、日本、德国、新加坡、中国台湾、印度;企业类识别词包括:股份有限责任公司、股份有限公司、有限责任公司、独立行政法人、有限总公司、有限分公司、总公司、分公司、董事会、集团、有限公司、有限责任、株式会社、株、公司、股份、企业、工厂、总长、厂、合伙、普通合伙、有限合伙、合伙企业;地区类识别词包括:省、市、县、自治区;标点符号包括:"(""）"""?"-""~""—""!"."。"","" ";数字包括:所有由0、1、2、3、4、5、6、7、8、9组成的两位数以上的数字组合。

针对这些情况，我们依旧保留包含有效变量最多的匹配结果。这样做的优势是便于操作，但也存在着错误删除正确样本的可能性。考虑到此类一配多的情况在所有匹配中仅出现了445次，占所有匹配结果的比例极低，因此可以忽略不计。将以上两轮匹配的结果合并后，我们便得到了该年度与前一年企业数据的匹配结果。

由于工业企业数据库的时间跨度很大，因此企业可能会因为各种原因消失在某些年度的数据中。为了最大化我们的匹配结果，我们针对每一个年度的企业会与之前所有年份的数据进行配对。具体来说，根据我们的匹配流程，1998年是所有匹配的基准年。当我们开始匹配1999年的企业数据时，我们会先利用法人代码在1999年与1998年之间进行匹配。匹配结束后，1999年未能匹配上的企业（为方便叙述，这里命名为1999_sub）会再与1998年未能匹配上的企业（命名为1998_sub）根据企业名称进行第二轮匹配。第二轮匹配结束后，此时两个年份依然会剩余部分企业未能匹配成功，我们会保留这些未能匹配上的企业（继续命名为1999_sub和1998_sub），在之后的匹配中使用。下一步，我们配对2000年的企业数据。我们会首先在2000年与1999年的企业数据之间进行两轮配对，配对完成后，我们把2000年剩下的企业数据命名为2000_sub。由于某些企业可能在1999年的数据中缺失，如果我们在匹配2000年企业时仅仅引入1999年的数据，会导致这些企业无法匹配成功。因此，这里我们将之前1999年企业数据与1998年企业数据匹配中剩余的1998年企业（1998_sub，前文已提及）与2000年企业数据中剩余的2000_sub同样进行两轮匹配，匹配结束后剩余的企业继续命名为1998_sub和2000_sub[①]。以此类推，2001年企业数据匹配时首先与2000年企业数据全集进行匹配，匹配结束后剩余的企业（2001_sub）与1999年剩余企业（1999_sub）进行匹配，匹配结束后剩余企业继续与1998年剩余企业（1998_sub）匹配。这样的步骤使得每个年份的企业数据得到充分匹配（见图2）。

---

① 实际操作中方便起见，我们会将2000年与1999年匹配完成后未能匹配成功的企业（2000_sub）直接与1998年的企业数据全集进行匹配。这样的操作一定不会引起重复匹配。因为重复匹配意味着，1998年企业A与1999年企业B之间存在着法人代码或企业名称的重合，同时1998年的企业A与2000年的企业C之间也存在着法人代码或企业名称的重合。那么，1999年企业B和2000年企业C一定会在这两个年份的数据直接匹配时被匹配成功，企业C不可能出现在2000_sub中，也即反例不存在。同样，2001年与2000年匹配完成后未能成功匹配的企业（2001_sub）会直接与1999年企业数据全集进行匹配，仍未能匹配成功的企业继续与1998年企业数据全集匹配，其他之后的年份操作类似。

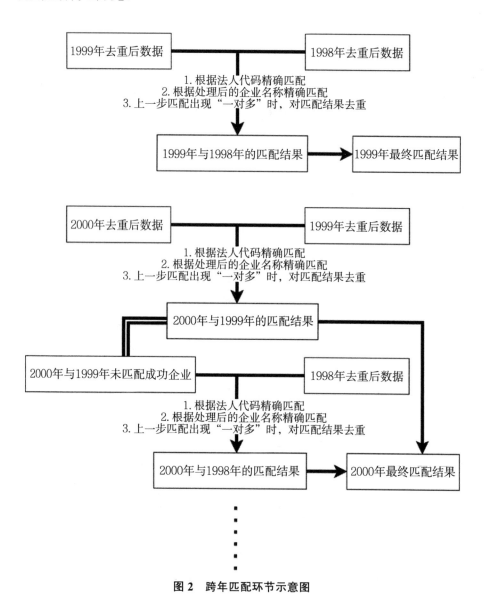

图 2　跨年匹配环节示意图

在所有的配对完成后,我们拥有了每一年度中的各家企业与之前年度记录之间的配对情况。由于之前我们已经排除了每一年度中重复企业的情况,因此可以认为我们借助这样"前—后"的配对结果,实现了对于整个工业企业数据库所有年度的企业的识别。分年度匹配结果如表 2 所示,分阶段匹配情况可见附录 A。

表2 工业企业数据库分年度匹配情况

年份	原始数据	去重后数据	匹配结果	匹配成功比例①
1999	162 033	161 887	137 925	85.20%
2000	162 885	162 746	138 398	85.04%
2001	171 256	171 109	132 946	77.70%
2002	181 557	181 414	150 636	83.03%
2003	196 222	196 083	157 873	80.51%
2004	279 092	278 903	160 826	57.66%
2005	271 835	271 699	236 981	87.22%
2006	301 961	301 814	252 717	83.73%
2007	336 768	336 629	279 713	83.09%
2008	412 212	412 117	287 088	69.66%
2009	300 730	300 699	299 527	99.61%
2010	336 193	336 056	336 049	99.998%
2011	302 593	302 550	223 318	73.81%
2012	324 604	324 562	290 541	89.52%
2013	344 875	344 837	308 186	89.37%
总计	4 084 816	4 083 105	3 392 724	83.09%

（五）建立唯一 ID

由于之前我们已经排除了每一年度中重复企业的情况,在所有匹配结束后,我们将为1998年到2013年间所有的企业建立唯一 ID,方便之后基于这些数据开展实证分析。我们以1998年为基准,首先为1998年的每一家企业赋予 ID,新建一列变量,变量名为 UID,格式为"IExxxxxxx",x 代表数字序号,共七位,从"0000001"开始。1998年的企业唯一 ID 设置完成后,我们从1999年开始,按年份依次为企业设置唯一 ID。对于每一家企业来说,如果已经匹配有之前年份的企业,证明两家企业是同一家公司,因此可以直接将之前的唯一 ID 复制过来。如果某家企业没有匹配之前年份的企业,我们会为这家企业分配独立的唯一 ID,例如1999年企业 A 未能匹配上1998年的企业,此时企

---

① 匹配成功比例计算方式为:匹配结果/去重后数据×100%。

业唯一 ID 最大值为"IE0171234"，我们会在这一基础上往后一位，为企业 A 分配"IE0171235"这一 ID。所有年份的企业唯一 ID 设置完成后，整个工业企业数据（1998—2013）的企业便可以通过这个唯一 ID 识别每家企业在各个年度的数据，无须担心错配问题。

（六）合并各年数据构建面板

为每一家企业分配唯一 ID 后，我们将各个年份的数据横向合并在一起。合并中，我们保留了从 1998 年到 2013 年所有出现在数据集中的变量，如果某年份中某些变量缺失，我们以缺失值填充，保证各年份的数据具有相同的变量总数。在合并的过程中，我们发现部分企业会出现同一年份出现两条以上企业记录的情况，其原因是在之前的跨年匹配中，某一年的多家企业可能在与不同年份的匹配中匹配到了同一家企业。例如，我们发现 2000 年的数据中出现了两条 uid 为"IE0001774"的企业记录，一家企业法人代码为"101985435"，名称为"清华紫光（集团）有限公司"，另一家企业法人代码为"700218641"，名称为"清华紫光股份有限公司"。两条企业记录中，前者通过法人代码在 2000 年对 1999 年的第一轮匹配中匹配到了"清华紫光（集团）有限公司"，此时 1999 年的"清华紫光（集团）有限公司"从待匹配列表中删去；后者因为 1999 年中没有法人代码为"700218641"的企业，且"清华紫光（集团）有限公司"已不在 1999 年的待匹配列表中，因此在 2000 年与 1999 年的两轮匹配中均未匹配成功，但在 2000 年与 1998 年的匹配中，因为名称相似，与 1998 年的"清华紫光（集团）有限公司"匹配成功。这最终导致 2000 年的两条企业记录在分配唯一 ID 时，被分配了同一条唯一 ID"IE0001774"。这种情况下，我们选择对每一个同一年出现重复 uid 的企业记录进行去重，规则是保留含有效非零变量最多的企业记录。在对所有重复情况进行相同处理后，我们完成了合并的所有过程，面板构建完成。

五、面板数据库与使用建议

构建好的面板数据库包括了 855 334 家企业，横跨 1998 年到 2013 年，总计 4 243 855 条企业记录。

面板数据中各年份企业样本数如表 3 所示。

表 3　工业企业面板数据库分年度企业样本数

年份	企业样本数
1998	164 971
1999	161 887
2000	162 673
2001	170 967
2002	181 235
2003	195 862
2004	278 476
2005	271 410
2006	301 440
2007	336 282
2008	411 601
2009	300 381
2010	335 634
2011	302 251
2012	324 266
2013	344 519
总计	4 243 855

我们统计了各企业在数据库中的出现年数,如果某企业仅在一个年份中有记录则记为 1,在所有年份中(1998—2013)均有出现则记为 16,结果如表 4 所示。

表 4　企业出现年数统计

出现年数	企业数	企业占比
1	145 900	17.06%
2	142 476	16.66%
3	127 177	14.87%
4	62 929	7.36%

(续表)

出现年数	企业数	企业占比
5	75 959	8.88%
6	50 014	5.85%
7	55 833	6.53%
8	39 371	4.60%
9	34 067	3.98%
10	36 173	4.23%
11	20 957	2.45%
12	15 736	1.84%
13	16 750	1.96%
14	7 282	0.85%
15	8 672	1.01%
16	16 038	1.88%

我们将原始数据、整理完成后的工业企业面板数据(1998—2013)和整个数据处理过程的代码开源在交大云盘 https://jbox.sjtu.edu.cn/l/J1uLhd,欢迎大家使用。

参考文献

陈林,2018.中国工业企业数据库的使用问题再探[J].经济评论(06):140-153.

杜威剑,李梦洁,2015.产业集聚会促进企业产品创新吗?——基于中国工业企业数据库的实证研究[J].产业经济研究(04):1-9+20.

聂辉华,江艇,杨汝岱,2012.中国工业企业数据库的使用现状和潜在问题[J].世界经济,35(05):142-158.

邵宜航,步晓宁,张天华,2013.资源配置扭曲与中国工业全要素生产率——基于工业企业数据库再测算[J].中国工业经济(12):39-51.

杨汝岱,2015.中国制造业企业全要素生产率研究[J].经济研究,50(02):61-74.

杨洋,魏江,罗来军,2015.谁在利用政府补贴进行创新?——所有制和要素市场扭曲的联合调节效应[J].管理世界(01):75-86+98+188.

尹恒,杨龙见,2014.地方财政对本地居民偏好的回应性研究[J].中国社会科学(5):96-115.

BRANDT L，BIESEBROECK J V，ZHANG Y，2012. Creative accounting or creative destruction? Firm-level productivity growth in Chinese manufacturing[J]. Journal of Development Economics，97(2)：339 - 351.

CHRISTENSEN G，MIGUEL E，2018. Transparency，reproducibility，and the credibility of economics research[J]. Journal of Economic Literature，56(3)：920 - 80.

附录 A　各年份分阶段匹配结果

	1998	1999	2000	2001	2002	2003	2004	2005	2006	2007	2008	2009	2010	2011	2012
1999	A:133082 B:4839 C:4														
2000	A:1593 B:4839 C:4	A:133215 B:3337 C:8													
2001	A:967 B:258 C:4	A:1728 B:439 C:5	A:120975 B:8576 C:12												
2002	A:396 B:81 C:0	A:593 B:107 C:0	A:1557 B:235 C:1	A:144806 B:2838 C:2											
2003	A:341 B:60 C:1	A:324 B:54 C:0	A:761 B:176 C:0	A:1513 B:191 C:2	A:148973 B:5469 C:8										
2004	A:736 B:164 C:0	A:820 B:119 C:1	A:1330 B:230 C:0	A:1790 B:204 C:0	A:323 B:585 C:4	A:144410 B:7406 C:4									
2005	A:76 B:18 C:0	A:74 B:11 C:0	A:133 B:20 C:0	A:163 B:24 C:0	A:282 B:54 C:0	A:3344 B:242 C:0	A:230263 B:2274 C:3								
2006	A:57 B:24 C:0	A:77 B:18 C:0	A:127 B:27 C:0	A:154 B:24 C:0	A:303 B:30 C:0	A:869 B:90 C:0	A:4355 B:169 C:0	A:244857 B:1534 C:2							
2007	A:48 B:15 C:0	A:68 B:11 C:0	A:97 B:22 C:0	A:112 B:15 C:0	A:211 B:22 C:0	A:596 B:63 C:0	A:2290 B:67 C:1	A:1713 B:87 C:1	A:273060 B:1214 C:0						
2008	A:66 B:57 C:0	A:60 B:53 C:0	A:103 B:119 C:0	A:106 B:100 C:0	A:178 B:196 C:1	A:530 B:936 C:1	A:3139 B:1847 C:1	A:1093 B:774 C:0	A:1440 B:1345 C:18	A:190000 B:84859 C:66					
2009	A:1 B:0 C:0	A:6 B:0 C:0	A:3 B:1 C:0	A:5 B:0 C:0	A:11 B:1 C:0	A:32 B:1 C:0	A:95 B:0 C:0	A:70 B:0 C:0	A:97 B:4 C:0	A:2858 B:73 C:4	A:129746 B:166413 C:106				
2010	A:0 B:0 C:0	A:0 B:1 C:0	A:0 B:0 C:0	A:0 B:0 C:0	A:0 B:0 C:1	A:0 B:0 C:0	A:0 B:0 C:0	A:0 B:0 C:0	A:0 B:0 C:1	A:57578 B:45 C:0	A:56538 B:21438 C:20	A:169244 B:31157 C:26			
2011	A:21 B:14 C:0	A:29 B:7 C:0	A:60 B:10 C:0	A:55 B:12 C:0	A:71 B:24 C:0	A:246 B:63 C:0	A:663 B:50 C:0	A:337 B:27 C:0	A:419 B:42 C:0	A:37 B:10 C:0	A:8257 B:3121 C:1	A:6601 B:29122 C:10	A:168548 B:5457 C:4		
2012	A:4 B:3 C:0	A:10 B:4 C:0	A:16 B:2 C:0	A:20 B:2 C:0	A:21 B:6 C:0	A:66 B:9 C:0	A:167 B:8 C:0	A:76 B:12 C:0	A:113 B:7 C:0	A:1 B:0 C:0	A:473 B:181 C:0	A:384 B:1106 C:0	A:4563 B:268 C:0	A:282919 B:100 C:0	
2013	A:14 B:3 C:0	A:10 B:3 C:0	A:18 B:5 C:0	A:10 B:5 C:0	A:21 B:3 C:0	A:56 B:11 C:0	A:203 B:11 C:0	A:103 B:5 C:0	A:120 B:7 C:0	A:2 B:1 C:0	A:313 B:346 C:0	A:359 B:848 C:0	A:3446 B:145 C:0	A:9778 B:55 C:0	A:291614 B:671 C:0

A：两年份之间通过法人代码精确匹配。

B：两年份之间通过处理后的企业名称精确匹配。

C：两年份之间通过处理后的企业名称精确匹配后，如果出现"一配多"的情况，会在这一步中保留含有效非零变量最多的匹配结果。

书 评

从关系嵌入性走向制度分析的新经济社会学*

——评格兰诺维特新著《社会与经济：框架与原理》

王荣欣**

摘　要：美国社会学家马克·格兰诺维特在其新作《社会与经济：框架与原理》中意图超越"手段—目的"的理性选择的解释框架。此书对规范、信任、权力和制度的研究进行了评述，并相应提出了别有新意的社会学解释。他认为，每一个经济规范与其他规范都是相互联系的，不能单独进行分析。信任不应当被当成小范围内的人际关系现象，信任在工业社会的宏观结构中也能起到重要作用。对权力的分析，不能脱离具体的历史和制度环境。在制度的解释中，他倾向于实用主义的认识论，认为人们会用身边的各种资源来解决所面临的问题。此书是新经济社会学的集大成之作，但也存在忽略对嵌入性的批评等不足。

关键词：新经济社会学；嵌入性；经济行动；制度

众多学人翘首以盼的马克·格兰诺维特新作《社会与经济：框架与原理》(Granovetter,2017)终于在 2017 年 3 月正式面世，但仅是该书的第一卷。此前，格兰诺维特已在多处文章中表明他在从事此书的写作，可谓二十年磨一剑。此书正文仅 213 页，由哈佛大学出版社旗下的 Belknap 出版社出版。书名与马克斯·韦伯遗孀玛丽安妮·韦伯编辑整理的《经济与社会》及塔尔科

---

* 本文系福建省社会科学基金项目《金融社会学视域下的中国证券市场价格波动研究》(项目编号 FJ2021B067)、闽江学院校级重点项目《中国证券市场波动的述行性机制》(项目编号 MYS19010)的研究成果。

** 王荣欣(1984—)，男，博士，闽江学院法学院讲师，研究方向为金融社会学，Email：wangrx25@mail2.sysu.edu.cn。

特·帕森斯与尼尔·斯梅尔塞合著的《经济与社会》（1956）一样，仅是词序有变。与此书可比拟的是尼可拉斯·卢曼的《社会的经济》。只不过卢曼的研究起点是沟通理论，格兰诺维特延续韦伯传统，对行动的研究是其出发点。帕森斯当时的雄心壮志是将社会理论与经济理论整合成一种系统的理论。时过境迁，社会学家早已不复具有此雄心，而变得更切合实际。社会学与经济学渐行渐远，而横跨其间的经济社会学仅是解释经济现象的社会学分支。

不过，格兰诺维特并不甘于此。他一直尝试沟通研究中宏观层次和微观层次。社会网分析就是沟通的桥梁（Granovetter，1973）。十余年后，他以"嵌入性"概念为基础，认为任何经济现象都离不开社会性，这是对当时经济学帝国主义的有力反击。从韦伯、帕森斯等人形成的旧经济社会学走向新经济社会学，即是以1985年格兰诺维特论文《经济行动与社会结构：嵌入性问题》（Granovetter，1985）的发表为开端。新经济社会学已历经三十余年的发展，该领域的研究至今仍层出不穷。《社会与经济》（第一卷）是作者本人之前研究的总结，也代表了新经济社会学的最新发展，是新经济社会学的集大成之作。

全书分为六章。该书第一章为导论：经济社会学中的解释问题。作者批判了理性选择经济学、功能主义和文化主义等在解释经济现象时的不足，尝试提出社会学的解释框架。接下去的三章分别讨论三大问题：规范、信任与权力。第二章为心智构念（mental constructs）对经济行动的影响。这些心智构念包括：（社会）规范、价值观和道德经济。第三章为经济中的信任及对信任理论的批判。第四章为经济中的权力。随后从微观和中观走向宏观，最后两章主要讨论制度。第五章为经济与社会制度。第六章探讨个体行动与社会制度之间的相互作用。

一、新经济社会学的理论解释框架

（一）经济行动、经济结果与经济制度

格兰诺维特在导论中开宗明义地说，此书注重讨论经济行动和经济制度中的经济、社会、文化、历史诸方面，旨在超越学科的界限，提供对经济现象的理解。他首先区分了三种不同层次的经济现象：个体经济行动、经济结果和制度。他借鉴韦伯《经济与社会》中经济行动的概念，但并未采用韦伯和帕森斯的社会行动概念。个体的经济行动（第一层次）是指在资源稀缺的状况下，

向个体行动者提供其"所需"的行动。结婚、离婚、犯罪、时间分配等问题统统落在研究范围之内，但主要关注商品的生产、分配和消费，这才是经济行动的核心部分。经济结果（第二层次）是指个体经济活动形成稳定模式以后所带来的结果。制度（第三层次）没有给出具体定义，它是社会建构的产物，大体是指人们对固态事物的虚假印象，指世界被人们体验为外在的和客观化的那部分，包括经济组织的整个系统（例如，资本主义）、特定的组织、行业或职业等。在第五章另给出对"社会制度"的定义，即一组持久的模式，确定社会行动集合是如何以及应该如何进行。这三个层次依次对应于微观、中观和宏观三大分析层次。格兰诺维特此书的目的是将这三个层次整合成一个共同的解释框架，在没有赋予任一层次具备解释优先性的情况之下，阐明其中一个层次是如何影响其他两个层次的。社会网络是中观的分析层次。格兰诺维特承认社会网络在他的研究中具有关键地位，但是并未赋予其优先位置，而且社会网络对大多数情形的解释力都不算高（Granovetter，2017）[5]。

第一章导论是全书理论性最强的章节，但格兰诺维特并未成功提供一个完整的经济社会学解释框架。构建完整全面的社会学理论并非其所长。过于抽象但缺乏解释力的理论尚不如不够抽象但具有强大解释力的理论。这也是他所秉承美国哲学家约翰·杜威等人开创的实用主义哲学传统的教导，最关键的是理论或思想有没有用，或能否带来后果上的改变。格兰诺维特的"理论框架"是否有效，需要接受随后展开的三章的实证检验，并且只有通过实证研究，才能展现格兰诺维特理论的真正魅力。

在方法论上，格兰诺维特先对社会科学解释中的还原论（亦译成化约论）、功能主义和文化主义进行了有力的批判。经济学以方法论个体主义著称，长于解释具有经济目标的行动，短于解释不具有经济目标的行动。经济学虽然秉持社会化不足的假定，但又很容易接受社会化过度的文化主义分析。文化主义（或文化决定论）认为若人们已接受了文化规则，形成内化的行为模式，则对其分析可以无须考虑其社会关系或互动的网络。这与经济学的还原论立场其实十分接近（Granovetter，2017）[14]。还原论主张由于社会现象来自集体性的个体行动，所以对社会现象的研究需要下降一个层面，从构成这些社会现象的个体行动入手。还原论的影响也不限于经济学，社会学中的交换理论（如乔治·霍曼斯）、理性选择理论（科尔曼，2008）也持还原论的立场。此外，经济学也较容易接受功能主义的静态解释，并依赖于通过对文化差异的解释，来解释制度的差异（Granovetter，2017）[10]。该书以社会网络分析为根底，结合社会学的制度分析,其目的是超越上述三种分析方法的不足。谨将其思想概括成表1。

表1 不同分析方法的差异

分析方法	方法论基础	人类行动假定	关注点	时间维度
还原论	方法论个体主义	社会化不足	能动	静态
功能主义	整体论	社会化过度	结构	静态
文化主义	整体论、个体主义	社会化过度	结构	静态
社会网络分析	实用主义	超越对立	超越对立	动态

格兰诺维特的基本立场为超越"手段—目的"的理性选择解释框架,超越人类行动的社会化不足与过度社会化的概念之争,进而主张经济行动与制度通常是来自身处复杂网络的个体为实现各种目标所达成的结果。其中,手段—目的的解释框架是指假定人是"自利的",个体追求的目标是可以清晰确定的,所以通过"理性的"行动就可以找到最有效实现该目标的手段。社会化不足的论点是指分析人的行动时,假定其不受社会结构或社会关系的影响。社会化过度是指通过社会化,人们过于遵从社会规范和价值观,故对其行动的分析也同样无须考虑社会关系的作用。

(二)嵌入性的用途与滥用

20世纪80年代,新经济社会学发端于两大不满:对帕森斯功能主义理论的不满和对经济学帝国主义的不满。社会化过度的命题即来源于帕森斯。格兰诺维特对社会化不足(如还原论)和过度社会化(如功能主义和文化决定论)的两种研究假定均感到不满意,由此提出嵌入性的概念。嵌入性成为新经济社会学的核心概念(王荣欣,2019)。格兰诺维特的理论思考源于帕森斯所概括的社会学基本问题,即霍布斯的秩序问题。

卡尔·波兰尼早在1944年就已提出嵌入性(Polanyi,2001)。波兰尼的嵌入性是宏观层面的嵌入性,指的是经济嵌入于社会之中。波兰尼的嵌入性源于他对英国经济史的研究,特别是对英国煤矿业的研究。煤炭嵌入在煤矿的岩壁之中,煤矿业的工作之一就是从中提取出煤炭。波兰尼借此比喻经济与社会的关系(Block,2001)。格兰诺维特的嵌入性主要针对的是新制度经济学中的交易成本理论。格兰诺维特自称其在 1985 年论文所使用的嵌入性概念,来自他当研究生时所聆听的导师哈里森·怀特的授课,而与波兰尼没有任何关系(Krippner et al.,2004)。他的用法也不同于波兰尼。所以,在《社会与经济》一书中,波兰尼一次都没有出现过。

格兰诺维特将嵌入性区分为关系嵌入性和结构嵌入性这两大类。严格来说,嵌入性的完整说法应是经济行动和经济制度的嵌入性。关系嵌入性是指双方之间的双边关系(dyads)对其经济行动的影响,近似于经济学家讲的互依性效用(interdependent utility),即其他人对某物的效用会影响你的效用函数。但关系嵌入性更强调双方对对方行动的期待已构成关系(甚至变成了认同)的一部分(Granovetter,2017)[17]。结构嵌入性是指个体所嵌入其中的网络所具备的整体结构所带来的影响(Granovetter,2017)[18]。网络的整体结构通过影响个体的关系位置和个体获得的信息,进而影响个体的经济行动。格兰诺维特还引入时间维度,首次提出时间嵌入性(temporal embeddedness)。其实只是历史嵌入性的另外一种说法。在社会关系中,人们并不是每次都从头开始,而是会把以往互动的经历带到现在的互动之中。人们所具备的认知能力可以让人们长期存储过往关系中的细节及情感状态。即使多年未见后的重逢,关系的激活不是重新开始,而是始于以往达成的共同理解和感觉(Granovetter,2017)[19]。

先有学者将嵌入性主要总结为三类:结构嵌入、文化嵌入和制度嵌入(Abolafia,1996),后有学者将"嵌入性"概念进一步具体化为结构嵌入、认知嵌入、文化嵌入、制度嵌入以及政治嵌入(Hass,2006)。认知嵌入是指由于人的认知能力限制而倾向于将复杂现象简单化,比如区分社会性别(男主外、女主内)。文化嵌入是指价值观念、分类范畴和社会规范等文化因素对人的行动的约束。这种划分嵌入性的方法有很大的危害,因为无限地扩展了嵌入性的概念。面对五花八门的"嵌入性"轰炸,格兰诺维特本人也很无辜,他反对这种扩展。嵌入性若扩展至指称行动的一切约束条件,也就意味着嵌入性不再具有任何具体的含义和解释力。他无奈地自称在近年的研究中已极少再度使用嵌入性的概念(Krippner et al.,2004)。

在该书,格兰诺维特将嵌入性分为关系嵌入性、结构嵌入性和时间嵌入性,应该是他本人最权威的说法。在这三种嵌入性中,最重要的是关系嵌入性。除此之外的任何嵌入性都脱离了格兰诺维特的原意,都是对嵌入性的滥用。

二、经济行动的关系嵌入性视角

该书接下去的三章分别讨论规范、信任与权力。以往研究对这三者的解释主要可以划分为两大类：一类认为这三者反映了个体的理性行动，另一类解释认为这三者是来自演化的过程，人们所选择的结果是出于经济效率的考虑所致。格兰诺维特认为这两种解释都不充分，并尝试在随后的三章提供更为充分的解释。

第二章集中讨论规范，从关系嵌入性的视角来看待经济行动，主要是探讨经济规范如何影响人们的经济行动。第二章的标题为心智构念对经济行动的影响。副标题为规范、价值观与道德经济。规范是指人们承认并有时遵守的关于合适或"合乎道德"行为的原则，这些原则是人们所共享并且非正式地执行。价值观是指美好生活和美好社会如何组成的概念。道德经济是英国历史学家 E.P.汤普森提出的概念，指关于经济活动的规范，具体即指合乎道德的合适的经济行动（Granovetter，2017）[27]。

规范在何种情形下起到重要作用？规范如何影响到人们的行动？经济学的解释是若人们遵从规范获得的收益大于成本，则人们会选择遵从规范。规范是理性选择之后的结果，人们以此获得某种优势或利益。社会学家则看重情感在社会规范中的重要作用。人们选择遵从规范是为了避免耻辱感（Elster，1999）。在情感的驱动下，人们将规范内化。但情感不是孤立地起作用，而是要考虑到个体之上的层面。相较于陌生人，人们更在乎熟识之人的态度，他们对其情感的影响也就更大。欲考察规范的约束力，需要考虑其他人的反馈，及该人自身对何种情形感到更为敏感。罗伯特·默顿的参照群体理论（Merton，1968）即提出人们既会顾及首属群体的规范，也会考虑他们并非是其成员但渴望加入的群体的规范。格兰诺维特承认在联系紧密的网络中，规范更容易得到遵守。但不能反过来说，规范只在本地化的小群体中才是有效的。其实，社会学对职业的研究已发现，在职业群体中大多形成了虽然不具有法律约束力但成员都能接受的职业规范。

第二章第三节专门讨论规范的起源（见表 2）。格兰诺维特反对如下观点：只单独分析单个规范的起源及作用，而不考虑与其他规范的联系。他认为，每一个经济规范与其他规范都是相互联系的（Granovetter，2017）[38]。经济学家通过博弈论的实验发现，人们在市场上的互动与交易，让人们更倾向于认为陌生人是可以信任的。法学家将规范的出现归因于为了解决某些问题。社会学及道德心理学则强调认知和情感的重要作用（Granovetter，2017）[41]。一些道德准则是不可以被违反的，若被违反，人们在情感上会无法接受。E.P.汤普森研究的 18 世纪的"道德经济"在当代依然存在，并未随着市场经济的发展、供求关系的匹配而消失。行为经济学家（Kahneman et al.，1986）将这些现象称为"参照交易"（reference transaction）。人们的公平感会影响经济决策，例如，雇主在经济衰退时不会轻易降低员工工资。这就是人们所认可的道德准则在起作用。格兰诺维特此书没有提到的是，信息经济学对规范形成的最新研究。信息经济学将规范的出现归因于人们需要某种归属感（Akerlof and Kranton，2010）。

表 2　不同学科所认识的规范的起源

学科	规范的起源	理论基础
经济学	收益大于成本	理性选择理论
行为经济学	公平感	参照交易理论
信息经济学	认同	认同理论
社会学	认知、情感	道德心理学
法学	解决问题	实用主义

三、经济结果的关系嵌入性视角（以信任研究为例）

第三章讨论信任问题。直接探讨过信任问题的社会学家仅有尼可拉斯·卢曼（Luhmann，1979）、詹姆斯·科尔曼（2008）、罗伯特·普特南和弗朗西斯·福山（2001）等。经济学通常不研究信任问题。直到 20 世纪中叶，随着道德风险和逆向选择概念的提出，经济学才开始关注由于信息不对称所导致的信任问题，由此诞生信息经济学这一分支。另外，制度经济学将信任仅仅视作主要产生于家庭和亲密朋友之间的非计算性场合（Williamson，1993），因此不具有重要的经济意义。古典社会学也不关注信任问题，但信任一直是格兰诺维特关注的焦点。他将信任视作社会网络和关系嵌入性的产物，信任成为促成经济交易的润滑剂，同时可约束人们的经济行动（如减少机会主义行为），产生经济后果,形成稳定的交易模式,由此将关系嵌入性视角引入对信任的研究中。

格兰诺维特探讨的是个体之间的信任及个体与集体性社会组织之间的信任。他给出的信任定义为:信任是相信与你互动的其他人不会伤害你,即使他们可以这样做(Granovetter,2017)[58]。对信任者而言,付出的信任包含着风险,因为被信任者的行为多少具有不确定性。他将信任的来源归为五类(笔者总结为表3):①基于知道或算计他人利益的信任;②基于个人关系的信任;③基于群体或网络成员身份的信任;④基于制度的信任;⑤基于规范的信任。他自己最为主张的是第三类。

表3 信任的不同来源及其方法论基础

信任的不同来源	方法论基础	代表性研究
算计	理性选择论下的效用最大化	科尔曼,2008 Hardin,2006 Williamson,1993
个人关系	认同理论	符号互动论者
	关系嵌入性	Granovetter,2017
网络	结构嵌入性	Granovetter,1985
制度	演化论	Zucker,1986
规范	方法论个体主义	利用世界价值观调查的研究
	文化主义	福山,2001
	公民资本理论	Guiso,Sapienza and Zingales,2011

第一类信任来源于算计,以相互为利(encapsulated interest)理论为代表(参见 Cook,Hardin and Levi,2005;Hardin,2006)。根据这种理论,信任是指其他人之所以与自己维持关系,是因为有利益关系在内;为了获得利益,而采取值得信赖的举动。在交往中,你自己的利益要能够涵括于别人的利益之内,别人的考量是与你交往的所得要大于不交往的所失。威廉姆森也认为,信任是算计性的。格兰诺维特认为,这类理论解释的主要问题在于混淆了工具性(instrumental)行动与完结性(consummatory)行动。前者是指通过某种方式达致某种目标的行动,后者是指为了自身而不追求其他目的的行动(Granovetter,2017)[20]。相互为利只适合于完结性的行动,因为只有在完结

性的行动中,对方的利益才有可能真正涵括你的利益。相互为利中的信任是为了获取利益,而这又是工具性的行为。因此,这里存在自相矛盾。

第二类信任来源于个人关系,有两种理论解释。信任行为反映了个体之间的直接关系,适用于关系嵌入性的解释。第二种理论解释是认同。根据认同理论,人们之所以会采取某种行事方式,是因为他们对自己(或认同)的概念,对自己想成为什么样的人的概念,以及对他们对其他人的义务的概念。这些概念来自他们与其他人的互动。从认同理论的角度来看待信任问题,人们选择诚信交易,不是出于利益的考量,而是期待对方也同样如此。人们不选择欺诈,是因为欺诈与人们对自身行为的想法有异。若是挚友离世、友情断绝或突遭朋友背叛,总会有怆然若失甚或悲痛之感(Granovetter,2017)[65]。这种对信任的理解完全不同于以利益为考量的相互为利理论。

信任的第三类来源是网络与群体,适用于结构嵌入性的解释。信任源于群体成员共同接受的规范。同属于一个群体的成员更可能产生相互信任。但群体中的个人也更有可能利用这种信任,来进行诈骗。此部分可以参考格兰诺维特以往的研究(Granovetter,1985)。

信任的第四类来源是制度。该理论的基础是演化论。一般认为,信任最初是发生在个人之间的小规模现象。随着社会的发展与分化,需要形成制度来承担他人不守信导致的风险。信任与快速的社会变迁一般是无法兼容的。不稳定性已经破坏了现有的社会生活网络。我们面对的是解体的社会,旧的习惯和熟悉的行为方式已经难以为继,疏离感和不安全感逐渐显现。日常行为已经失去稳定性,很多事情都已变得无法预测。我们对他人行为的期望不再是确定的,我们对他人的信任比以前更容易被背叛。

例如,此书并未引用过的安东尼·吉登斯就认为,现代性的整个组织机构一旦脱离了传统,就需要依赖于潜在不稳定的信任机制。传统为信任提供了稳定的支撑,是信任关系的导向机制。传统以及相应的结构要素(比如亲属关系)支撑着信任的流动所需的社会关系网,"熟悉"是信任的基础(吉登斯等,2001)。

信任的第五类来源是规范。该理论的基础是文化主义。文化主义者认为,规范不是与个体相关,而是与集体相关。秉持方法论个体主义的经济学家也持类似看法,认为不同的信任程度反映了国家、地区、族群或宗教间的文化差异。格兰诺维特认为,这两大解释都存在很大的问题。这是由于对信任进行的测量若仅以某个问题为基础,会导致对各国信任程度的比较不准确。

经济学家还将类似的做法延伸到公民资本的研究中（Guiso et al.，2011）。公民资本是父母教给孩子需要相互合作的价值观念。他们认为，父母需要从小教育小孩做一个好公民，让他们养成信任别人的好习惯。如果每个人长大以后都成为好公民，则整个社会的公民资本较高，即为一个高信任的社会。公民资本较高的社会，政府的法规较简，人们之间相互信任，也有助于解决搭便车问题。政治学家福山（2001）曾区分了高信任国家（日本、德国和美国）与低信任国家（中国、法国和意大利）。在低信任国家，人们只愿意相信家族成员，所以是家族企业主导私营经济。在高信任国家，人们愿意相信家族以外的人，所以更容易发展出大型企业。格兰诺维特对此的质疑是，该理论没有说明小群体的信任关系是如何转变成大范围的信任关系，重视家庭的社会也并非形成不了专业化管理的大型私营企业（Granovetter，2017）[85]。公民资本理论过于注重微观层面的分析，同样无法解释小群体的信任与大范围信任之间的关系。格兰诺维特则认为，信任虽小，但只要人们可以间接地信任他人，信任的范围就可以扩展。即使你本人并不认识对方，但通过人际间的关系网络，只要获得关于对方的充分信息，你仍可以信任对方（Granovetter，2017）[86-87]。信任不应当被当成是小范围内的人际关系现象，在工业社会的宏观结构中也能起到重要作用（Granovetter，2017）[75]。

四、经济结果的结构嵌入性视角（以权力研究为例）

要解释经济现象，不能忽视权力问题。结构嵌入性视角认为权力源自在网络中所处的位置。第四章集中讨论经济中的种种权力，包括对权力的含义、起源和后果的分析。韦伯将权力定义为：权力是身处于社会关系中的一个行动者尽管会遇到他人反对但仍可坚持贯彻自己意志的概率，不管这种概率所依据的基础是什么（Weber，1978）。按照权力的来源，格兰诺维特将权力分为三种类型：基于依赖的权力、基于正当性的权力及基于控制议程和话语的权力（Granovetter，2017）[92]。按照行动者在何种情境下行使权力，将权力区分为基于个体特征的权力、基于社会网络位置的权力（Granovetter，2017）[103-104]。后者包括基于中间人（brokerage）的权力。如表4所示。

表 4　权力的类型及其方法论基础

权力的类型(根据概念推演)	理论基础
基于对方依赖而形成的(经济)权力	社会交换论 资源依赖论
基于正当性的权力	韦伯的法理型权威概念 群体认同理论
基于控制议程和话语的权力	福柯的权力理论(Foucault,1994)
权力的类型(在何种情境下行使权力)	理论基础
基于个体特征的权力	方法论个体主义
基于社会网络位置的权力 (包括基于中间人的权力)	社会交换论 (结构洞理论)

权力的第一种来源是依赖。控制了你所需资源的人就对你握有权力。该来源还可以细分为基于个体层面与基于组织层面。前者的理论基础是社会交换论,后者的理论基础是资源依赖论(Pfeffer,1992)。权力的第二种来源是正当性。基于正当性的权力主要体现在法律和程序上,也就是韦伯所说的法理型权威。但也不限于此,格兰诺维特认为,正当性权威也包括长辈的权威,亦即属于韦伯分类下的传统型权威(Granovetter,2017)[99]。权力的第三种来源基于控制议程和话语的权力,是指影响行动者对情境的定义,包括控制议程、影响对经济活动的文化理解(Granovetter,2017)[92]。

从在何种情境下行使权力的视角看,权力来源于个体特征或社会网络位置。基于个体特征的权力主要体现在个人特质上,如毅力、专注力、敏感等个人身上的优秀品质有助于其掌握权力(Pfeffer,1992)。另一种权力主要体现在结构上,也就是基于社会网络位置的权力。其理论基础——结构洞理论,与社会交换论一样,只注重如何获取更优的交换比率。但这只是韦伯权力概念的子集,而非全部。

格兰诺维特最为关注的是基于中间人的权力。他认为通过中间人可以超越小群体的限制,但也存在着问题。其中一个问题是若出于群体认同的原因,不同群体只与本群体的人进行交易,而不与外群体交易,中间人即使掌握了大量信息,但并不能带来权力。在 18 世纪的英格兰,东印度公司的股票交易只会发生在辉格党人之间或托利党人之间(Carruthers,1999)。其次,中间人虽然处于左右逢源的位置上,但若动用传统资源(如金钱、官方权威),则会损害其不偏不倚的形象，从而失去双方的信任。这均与传统的社会交换理论相悖。社会交换论主张，通过控制其他人的交换机会，会使自身资源的价值增加。

格兰诺维特以美第奇家族为例。中间人要从中渔利，必须深藏不露地利用其优势。15世纪，佛罗伦萨的科西莫·德·美第奇从不公开表明自身的立场，对所提问题要么绝少答复，要么一概给予模棱两可的回答，让人捉摸不透。美第奇的两类追随者，一类是贵族背景的姻亲群体，一类是新近的暴发群体。这两类人互相鄙视，也就不会串通起来。美第奇可以稳坐钓鱼台（Padgett and Ansell，1993）。

社会网分析法可以拓展至对精英的研究。两者的结合可以在原有的理论基础上（例如，小世界理论）挖掘出新视角。小世界理论连接了研究权力的两大传统。一个传统是认为社会网络所处位置会带来权力，另一个传统是以帕累托、莫斯卡和米尔斯为代表的权力精英研究。企业精英的小世界研究可以参见Kogut（2012）。小世界是指中间平均通过五个人（acquaintances）即可联系到随机指定的任意人，也就是六度连结的小世界。该理论始于20世纪60年代的米尔格拉姆实验。从物理学转向社会学的美国社会学家Duncan Watts在20世纪90年代拓展了小世界的研究。小世界理论的两大核心概念为：聚集度（degree of clustering）和路径长度（path lengths）。后者是指任意两个节点之间最少需要几步才能到达。小世界的核心论点是能够联系到随机两个人的路径长度极短，即平均为五个中间人。若连结者（节点）是随机指定的，则路径长度较短。若人们的聚集程度较高（如属于社会阶层地位类似或其他同质性较强的群体），则路径长度较长。但沃茨也发现若稍微调整一下聚集者（clusters）的连结，即将两个节点之间的连接线调整到另外两个节点上，则路径长度会显著缩小。

在精英理论方面，Useem（1984）提出企业精英的内部圈子（inner circle）理论。一家公司的成员在另一家公司的董事会担任董事，这些在不同公司之间互相担任董事的人形成一个内部圈子。他认为在企业高层中存在一些核心人员，能将不同的聚集者连接起来。Mizruchi（2013）则发现，在网络中心并不存在内部一致的精英。自20世纪80年代以来，金融成为公司利润的主要来源。公司CEO变得更关注公司的股票价格，而不考虑整个商业领域的普遍利益。内部圈子逐渐失去以往的商业领袖地位。Mizruchi甚至认为，2008年美国金融危机的难以收场正是由于美国精英日益走向碎片化，精英之间缺少统一组织，也缺乏1907年美国经济危机时的美国银行家J.P.摩根那样的精英人物(Mizruchi,2010)。进入 21 世纪以后,小世界结构趋于减弱。以往由白人男性所占据的董事会变得更具有人口代表性,少数族裔及女性越来越多地进入董事会。这种趋势其实与沃茨的看法一致。沃茨认为,在小世界中,并不存在具有特别影响力的、居于枢纽位置的"特殊人物"(Watts,2011)。

格兰诺维特认为,若除去社会和制度情境,网络位置和结构本身并不能告诉我们权力是如何运作的(Granovetter,2017)[123]。以企业精英而言,他们所构成的小世界可能确实形成了有权力的精英群体,但是否如此则需要取决于具体的历史和制度环境(Granovetter,2017)[125-126]。

五、经济制度的社会学制度分析法

在对规范、信任和权力等微观和中观层面的议题做了较详尽的探讨之后,格兰诺维特在本书第五章、第六章讨论了宏观层面的制度问题。由于社会网络也嵌入于经济制度和社会制度之中(Granovetter,2017)[82],故对社会网络的研究必然会走向对制度的研究。

社会学家对制度的定义为:政治及社会生活中影响人们行为的相对持久的特性(规则、规范、程序),并且一时不容易改变(Granovetter,2017)[136]。帕森斯从社会功能的角度来看待制度。经济制度是适应的主要来源,政府是目标达成的主要来源,法律体系是整合的主要来源,家庭和宗教是模式维持的主要来源。这种将制度与功能相互匹配的做法现在已被抛弃。新起的组织学新制度主义更关注"制度逻辑"或组织场域,主要聚焦于对某个行业的分析。若研究范围为国家,则称为国家文化,而非逻辑。新制度主义把制度逻辑的变化与更广泛的社会变迁联系在一起。第五章讨论过的制度逻辑如表 5 所示。

表 5　制度逻辑的解释

行业	原先的逻辑	后来的逻辑
高等教育出版业 (Thornton and Ocasio,1999)	编辑逻辑	市场逻辑
储蓄业 (Haveman and Rao,1997)	互帮互助、强制储蓄	非人格化、官僚制、自愿储蓄

（续表）

行业	原先的逻辑	后来的逻辑
法国菜肴(Rao et al., 2003)	大菜单、餐馆老板掌权、注重仪式等	小菜单、新鲜、厨师的创造性、简单、新技术与食材等
基金行业(Lounsbury, 2007)	注重长期投资的共同基金(波士顿)	注重短期投资、高回报的指数基金(纽约)

但制度逻辑的解释存在着选择偏误(selection bias)，其解释的往往是幸存下来的可行制度。制度的逻辑没法解释的尚有，新的互相竞争的制度逻辑来自何处？制度逻辑在多大程度上是该行业特有的，还是在多大程度上是历史和文化力量的反映？制度逻辑的变迁导致实践活动的变化，究竟是经济、政治或社会事件不可避免的结果，还是反复不定的，要取决于谁是新制度逻辑的推动者及采用何种技艺(Granovetter，2017)[144]？行动者还要面临制度逻辑相互冲突的情形(Granovetter，2017)[174]。

格兰诺维特倾向于实用主义的认识论，认为人们会用身边的各种资源来解决所面临的问题，用法语词来表述，就是 bricolage (Granovetter，2017)[144, 213]。法国人类学家列维·斯特劳斯在《野性的思维》中用过该词，原意为利用手边现成的多种多样的材料与工具，做出与原先计划不同的东西。这与格兰诺维特反对采用手段—目的论的解释框架（理性选择论、博弈论等）是一致的。

其实，制度逻辑远比分析中的逻辑更加抽象、更加难以琢磨。格兰诺维特以 Biernacki(1997)的欧洲棉纺织业研究为例。英国对劳动价值的衡量是工人所生产产品在市场上的销售所得，德国则是按照工人在工厂付出的劳动时间进行计算。人们对劳动概念的构想，会引导人们按照这种构想来进行工资给付和工作监督。这种构想不同于规范，而是心智构念。这回到了第二章的主题。对心智构念的研究更重视人的能动性(Granovetter，2017)[154]。能动者可以完成其他人所认为不可能的事情。20 世纪 60 年代的韩国总统朴正熙就带领韩国走上了发展重工业的道路。以传统观点来看，由于资源禀赋不足，没有工业传统，韩国不应发展重工业。但在朴正熙的强力推动下，通过大力发展技术教育，提供大量政府补助，韩国完成了看似不可能的重工业飞跃。

六、讨论与结论

该书主要是格兰诺维特以往研究的总结及延续，也包括对他人研究的评述。它既是对新经济社会学三十余年发展的最好总结，也提出了新的理论解释框架（尽管并不充分），代表了最新的发展方向。《社会与经济》的第二卷将更注重实证分析，运用第一卷的理论框架，分析特定的经济场景及案例，并集中于以下主题：企业集团、公司治理问题、腐败问题和电力行业研究等。此书虽无愧于大师力作，或将成为社会学的经典著作，但由于第二卷尚未出版，且有逊于预期的不尽如人意之处，其历史地位尚难评估。

（一）嵌入性解释的不足

在社会网分析中，格兰诺维特对嵌入性的界定不够清晰，这也是嵌入性被其他学者滥用的一个原因。他在 1985 年给出了嵌入性的原意：行为和制度都深受持续发生中的社会关系（ongoing social relations）的约束（Granovetter，1985）。在社会关系前面有一个修饰词 ongoing，也就是说社会关系必须是持续的，否则就不适用嵌入性，但其他学者往往忽略这个前提条件。格兰诺维特借助这一中观层面的概念，解释宏观的制度现象。由此书看来，格兰诺维特所说的嵌入性更接近一个"俄罗斯套娃"。从纵向来看，行为嵌入在社会网络之中，社会网络嵌入在制度之中（Granovetter，2017）[82]。从横向来看，行为发生在不同的组织场域，即遵循不同的制度逻辑（Granovetter，2017）[140]。这是一种多层次、多领域的嵌入性。

全书对相关的批评缺乏回应，仅在第一章导论的注释部分有提及Krippner 等人（Krippner et al.，2004）对嵌入性概念的批评。Krippner 等人还批评社会网络理论以为通过社会网络就可以完全解释人的经济活动，但格兰诺维特对此予以否认（Granovetter，2017）[207]。Krippner 自己主张的是述行性（performativity）。述行性是指理论、模型、概念等在实践中的运用，所带来的改变让它们更符合这些理论的解释，即使这些理论原本有可能是错的。述行性理论是对社会网络理论及组织学新制度主义的发展。该书所提及的企业人力资源部的设置（Granovetter，2017）[140]、汽车的模块化生产（Granovetter，2017）[162]均是由于咨询公司、专业人士等的推动。在广泛采用以后，而反证其理论或设想的正确性。汽车行业想借鉴计算机行业的模块和组装生产,尽管最后并不完全成功,但也无法推翻专家策动的模块生产理论。其实,这都更适合于述行性而非嵌入性的解释。

社会涌现理论提供了一种重塑经济学和社会学关系的新思路(Sawyer,2005)。但该书对复杂性理论、涌现理论、人工社会模型和机器学习尽付阙如。主张社会网络是复杂的,并不等于就是复杂性。全书对当代欧洲的社会理论家(布迪厄、吉登斯和卢曼等)几乎毫无涉及,这也是格兰诺维特的一贯风格。对于一个志在比肩韦伯的社会学理论家而言,不熟谙欧洲社会理论而避而不谈、缺乏对话,显为憾事。

(二)制度解释的不足

在制度分析中,格兰诺维特对新制度主义经济学的研究缺乏讨论,仅讨论过交易成本学派的奥利弗·威廉姆森。其实,道格拉斯·诺斯对制度的研究与格兰诺维特大体近似。诺斯认为,制度的存在是为了降低人们互动的不确定性(North,1994)。格兰诺维特认为,社会网络的存在增加了人们的信任。诺斯还认为,人们的心智构念影响着制度的形成和变迁(North,1994)。格兰诺维特的看法亦类似,甚至连用的概念都完全一致。区别仅仅在于格兰诺维特认为心智构念直接影响的是经济行动。格兰诺维特对威廉姆森的批判导致他对交易成本学派中的不同立场的其他学者缺乏关注。格兰诺维特仅在导论部分提到与诺斯有关的"路径依赖"和"锁定"效应(Granovetter,2017)[9]。这是指,由于一些初始条件和随机事件的影响,导致并不是最有效的制度长期存在。格兰诺维特认为"锁定"概念其实等同于社会学中的"制度化"。但社会学研究不是从随机的小事件着手,而是考察这些制度是如何从行动者的行动中演变出来的。制度化的反面是去制度化(deinstitutionalization)。

格兰诺维特认为,经济制度的设立来源于现有的材料和物质条件,而非来源于由理论所设想的达致某些既定目标的最佳解决方案(Granovetter,2017)[201]。行动者也是如此,他们为解决实际问题,往往同时采用不一致甚至相互冲突的原则。

格兰诺维特尝试整合社会网络理论与组织学的新制度主义,但需要对各自的理论预设进行调整。例如,既然不同领域有不同的制度逻辑,那么,新制度主义需要修正其理论预设,以解释不同制度逻辑为何会发生冲突及发生冲突时该如何应对。

参考文献

弗朗西斯·福山,2001. 信任:社会道德与繁荣的创造[M].彭志华,译.海口:海南出版社.

乌尔里希·贝克,安东尼·吉登斯,斯科特·拉什,2001. 自反性现代化:现代社会秩序中的政治、传统与美学[M].赵文书,译. 北京:商务印书馆.

詹姆斯·S.科尔曼,2008. 社会理论的基础[M].邓方,译.北京:社会科学文献出版社.

王荣欣,2019. 阿瑞吉的经济社会学研究:金融化与资本积累的系统周期[J].社会发展研究,(2):212.

ABOLAFIA M,1996. Making markets:opportunism and restraint on wall street[M]. Cambridge:Harvard University Press.

AKERLOF G A,KRANTON R E,2010. Identity economics:how our identity shape our work,wages,and well-being[M]. Princeton:Princeton University Press.

BIERNACKI R,1997. The Fabrication of Labor:Germany and Britain 1640—1914[M]. Berkeley:University of California Press.

FRED B,2001. Introduction[M]// POLANYI K. The great transformation:the political and economic origins of our time. Boston:Beacon Press.

BRUCE C,1999. City of capital:politics and markets in the english financial revolution [M]. Princeton:Princeton University Press.

COOK K,RUSSELL H,MARGARET L,2005. Cooperation without trust? [M]. New York:Russell Sage Foundation:5.

ELSTER J,1999. Alchemies of the mind:rationality and the emotions[M]. Cambridge: Cambridge University Press.

FOUCAULT M,1994. Power:essential works of foucault 1954—1984,Volume 3[M]. London:Penguin.

GRANOVETTER M,1985. Economic action and social structure:the problem of embeddedness[J]. American Journal of Sociology,91(3):481-510.

GRANOVETTER M,2017. Society and economy:framework and principles [M]. Cambridge,MA:Belknap Press of Harvard University Press.

GUISO L,SAPIENZA P,ZINGALES L,2011. Civic capital as the missing link[J]. Handbook of Social Economics,1(1):418-480.

HARDIN R,2006. Trust[M]. Cambridge:Polity Press.

HASS J,2006. Economic sociology:an introduction[M]. London:Routledge:11-16.

HAVEMAN H A,RAO H,1997. Structuring a theory of moral sentiments:institutional-organization coevolution in the early thrift industry[J]. American Journal of Sociology,102(6):1606-1651.

KAHNEMAN D,KNETSCH J,THALER R,1986. Fairness as a constraint on profit seeking: entitlements in the market[J]. The American Economic Review, 76: 728 - 741.

KOGUT B, 2012. The small worlds of corporate governance[M]. Cambridge: MIT Press.

GRETA K, MARK G, FRED B, et al., 2004. Polanyi symposium: a conversation on embeddedness[J]. Social Science Electronic Publishing, (1):109 - 135.

MICHAEL L, 2007. A Tale of two cities: competing logics and practice variation in the professionalizing of mutual funds[J]. Academy of Management Journal.

NIKLAS L, 1979. Trust and power[M]. New York: John Wiley & Sons.

MERTON, R K, 1968. Social theory and social structure[M]. New York: Free Press.

MIZRUCHI M. 2010. The American corporate elite and the financial crisis of 2008[M]// MICHAEL L, PAUL H. Markets on trial: the economic sociology of the U.S. financial crisis, Bingley, UK: Emerald Group Publishing Limited: 103 - 139.

MIZRUCHI M S, 2010. The American corporate elite and the historical roots of the financial crisis of 2008 [J]. Research in the Sociology of Organizations, 30 Part B (2010):103 - 139.

MIZRUCHI M S, 2013. The fracturing of the american corporate elite[M]. Cambridge: Harvard University Press.

NORTH D C, 1994. Institutions, institutional change and economic performance[M]. New York: Cambridge University Press: 25.

PADGETT J F, ANSELL C K. 1993. Robust action and the rise of the medici, 1400— 1434. American Journal of Sociology[J]. 98(6):1259 - 1319.

PFEFFER J, 1992. Managing with power: politics and influence in organizations[M]. Boston: Harvard Business School Press.

POLANYI K, 2001. The great transformation: the political and economic origins of our time[M]. Boston: Beacon Press.

DRUAND R, RAO H, MONIN P, 2003. Institutional change in Toque Ville: Nouvelle cuisine as an identity movement in French gastronomy [J]. American Journal of Sociology.

SAWYER R K, 2005. Social emergence: societies as complex systems[M]. New York: Cambridge University Press: 228 - 229.

THORNTON, PATRICIA H, et al., 1999. Institutional logics and the historical contingency of power in organizations: executive succession in the higher education publishing industry, 1958—1990[J]. American Journal of Sociology, 105(3): 801 - 843.

USEEM M, 1984. The inner circle: large corporations and the rise of business political activity in the U.S. and U.K.[M]. New York: Oxford University Press.

WATTS D J，2011. Everything is obvious：how common sense fails us［M］. London：Atlantic Books.

WEBER M，1978. Economy and society：an outline of interpretive sociology ［M］. Berkley and Los Angeles：University of California Press：53.

WILLIAMSON O，1993. Calculativeness，trust，and economic organization［J］. The Journal of Law and Economics，36(1)：453－486.

ZUCKER L G，1986. Production of trust：institutional sources of economic structure［J］. Research in Organizational Behavior，8(2)：53－111.

投稿须知

　　《实证社会科学》是由上海交通大学国际与公共事务学院主办的一本社会科学学术出版物,以实证性研究为导向,以构建学术交流平台、传递学术信息、推动实证性社会科学发展为宗旨,侧重收录社会学、政治学、经济学、法学和管理学等社会科学各个领域实证与探索的最新成果,包括实证研究方法的研究及探讨。

　　实证研究方法可以概括为通过对研究对象观察、实验和调查,获取客观材料,从个别到一般,归纳出事物的本质属性和发展规律的一种研究方法。实证社会科学研究不一定是量化研究,非量化研究,包括田野调查、案例分析、文本分析等都是实证研究的重要部分。本丛书致力于实证研究的前沿,遵循理论联系实际的原则,坚持学术性和应用性相结合,坚持社会科学的正确导向,严守学术规范,鼓励学术创新,以传播先进文化、推进知识增殖、促进实证研究繁荣为己任,注意发表具有理论深度和学术价值的实证性研究文章,以严谨朴实的编辑风格和深厚的学术底蕴,努力为社会科学工作者提供发表研究成果,传递和交流最新研究动态的平台与阵地,并为社会政策的实施提供理论和方法的支撑。本丛书主要收录社会学、政治学、经济学、法学和管理学等学科领域运用实证研究方法,所取得具有学术价值的研究成果。

　　《实证社会科学》突出实证性、学术性和探索性,主要读者为广大社会科学科研人员和社会科学实践从业者。

主　　编:胡　近

执行主编:樊　博

副 主 编:易承志

编委会成员(以姓氏笔画为序):

　　边燕杰、李连江、杨开峰、肖唐镖、吴建南、邱泽奇、何艳玲、陆铭、陈映芳、陈捷、易承志、庞珣、赵鼎新、胡近、钟杨、唐文方、唐世平、阎学通、敬乂嘉、谢宇、蓝志勇、樊博

投稿约定：

(1)来稿必须具有创新性、学术性、科学性和准确性、规范性和可读性。

(2)来稿切勿一稿两投或多投。文稿自收到之日起，3个月内编辑部发出是否录用通知；逾期请及时通过邮件向编辑部查询。

(3)编辑部将按照规范的程序，聘请有关同行专家评审和丛书编委终审(三审制)。编辑部将根据评审意见公平、公正地决定稿件的取舍。

(4)稿件文责自负。编辑部对来稿有权作技术性和文字性修改，实质性内容修改须征得作者同意。

(5)凡向本丛书投稿者均同意文章经本丛书收录后，其著作权中的财产权(含各种介质、媒体及各种语言、各种形式)即让与本丛书。作者如不同意，请在来稿中申明。

(6)本丛书仅接受电子投稿，投稿文本格式请使用WORD版本字处理软件编辑。

投稿信箱：szshkx@sjtu.edu.cn

来稿要求和注意事项：

(1)来稿要求论点明确、数据可靠、逻辑严密、文字精炼。文稿必须包括题名、作者姓名、单位及邮编、中英文摘要和关键词(3～8个)、中国图书资料分类号、第一作者简介(包括姓名、出生年、性别、学位、职称、研究方向、电子邮箱)。

(2)文题名恰当简明地反映文章的特定内容，要符合编制题录、索引和选定关键词等所遵循的原则，不使用非公知的缩略词、首字母缩写字符、代号等；也不能将原形词和缩略词同时列出；一般不用副题名，避免用"……的研究"等非特定词，中文题名一般不超过20个汉字，英文题名应与中文题名含义一致。

(3)论文摘要尽量写成报道性摘要，其内容独立于正文而存在，它能否准确、具体、完整地概括原文的创新之处，将直接决定论文是否被收录、阅读和引用，摘要长度一般不超过200～300字，英文摘要(100～150 words)须与中文摘要相对应。摘要应回答好以下四方面问题：① 直接研究目的，可缺省；② 详细陈述过程和方法；③ 全面罗列结果和结论；④通过②与③两方面内容展示文中创新之处。中英文摘要一律采用第三人称表述，不使用"本文""作者"等作为主语。

(4)关键词选词要规范，应尽量从汉语主题词表中选取，未被词表收录的词如果确有必要也可作为关键词选用。中英文关键词应一一对应。

(5)论文正文(含图表)中的量和单位的使用必须符合中华人民共和国法

定计量单位最新标准。文稿中外文字符的大小写、正斜体、黑白体、上下角标及易混淆的字母应打印清楚。

(6)文中图、表应有自明性,且随文出现。图中文字、符号、纵横坐标中的标值、标值线必须写清,标目应使用法定计量单位(一般不用中文表示)。文中表格一律使用"三线表",表的内容切忌与图和文字内容重复。

(7)正文内各级标题处理如下:一级标题为"一、二、三……",二级标题为"(一)(二)(三)……",三级标题为"1.2.3.……",四级标题为"(1)(2)(3)……"。一、二、三级标题各独占一行,其中一级标题居中,二、三级标题缩进两个字符左对齐;四级及以下标题后加句号且与正文连排。

(8)注释与参考文献。

① 注释:注释主要用于对文章篇名、作者及文内某一特定内容作必要的解释或说明,序号一律采用"①、②、③……",每页重新编号。

② 稿件中凡采用他人研究成果或引述,在正文中采用括号注与文末列参考文献形式予以说明;正文括号注与文末参考文献必须一一对应。

引用原文文字过长(一般为三行以上)时,须将整个引文单独成段,并左缩进两个字符。段落字体为5号楷体,不加引号。

参考文献应是文中直接引用的公开出版物,以5篇以上为宜。文后参考文献表首先按文种集中,分为中文、日文、西文、俄文、其他文种5部分;然后按照作者姓氏的第一个字母依A—Z顺序和出版年排列。

示例:

尼葛洛庞帝,1996.数字化生存[M].胡泳,范海燕,译.海口:海南出版社.

于潇,刘义,柴跃廷,等,2012.互联网药品可信交易环境中主体资质审核备案模式[J].清华大学学报(自然科学版),52(11):1518-1523.

杨宗英,1996.电子图书馆的现实模型[J].中国图书馆学报(2):24-29.

李炳穆,2008.韩国图书馆法[J/OL].图书情报工作,52(6):6-12[2013-10-25].http://www.docin.com/p-400265742.html.

BAKER S K,JACKSON M E,1995. The future of resource sharing [M]. New York:The Haworth Press.

CHERNIK B E,1982. Introduction to library services for library technicians[M]. Littleton,Colo.:Libraries Unlimited,Inc.

DOWLER L,1995. The research university's dilemma:resource sharing and research in a transinstitutional environment [J]. Journal

Library Administration，21(1/2)：5－26.

SUNSTEIN C R，1996. Social norms and social roles[J/OL]. Columbia Law Review，96：903［2012－01－26］. Social norms and social roles. http://www. heinonline. org/HOL/Page? handle ＝ hein. journals/clr96&id＝913&collection＝journals&index＝journals/clr.

正文引用文献的标注，细则如下：

A. 援引一部作品。

A1 一个作者时，列出作者和出版年份，中间用"，"隔开。

示例：(赵鼎新，2006)(Pollan，2006)

A2 两个作者时，中文作品作者之间用"、"隔开，英文作者之间用"and"相连。

示例：(王晓毅、渠敬东，2009)(Kossinets and Watts，2009)

A3 三个作者时，中文作品的作者与作者之间用"、"隔开，英文前面两个作者之间用"，"隔开，后两个作者之间用"，and"隔开。

示例：(Halsey，Health，and Ridge，1980)

A4 三个以上作者时，可以缩写，格式为第一作者加"等"(英文为 et al.)。

示例：(李培林等，2008)(Chen et al.，2014)

B. 援引同一作者两部及以上作品。

B1 不同年份作品。

不同著作的出版年之间用"，"隔开，即(责任者，年份 1，年份 2)。

示例：(李培林，1996，1998)

B2 同一年份作品。

引用同一作者同一年份作品时，用 a，b，c……附在年份后，加以区别。参考文献中的年份后同样有对应的 a，b，c。

示例：(李培林，2010a，2010b，2011)

C. 援引不同作者的不同文献，不同文献之间用"；"隔开。

示例：(McCarthy and Zald，1973，1977；Tilly，1978；塔罗，2005；麦克亚当等，2006)

D. 以机构等作为责任者，在括号中标注机构的全名或者缩写。

E. 未出版作品。基本格式为：(责任者，即将出版)。

F. 转引作品。

示例：(转引自赫特尔，1988)